三
治

ゴルフ・シングルになれる人、アベレージで終わる人

GS
幻冬舎新書
256

はじめに――シングルになるための条件とは

ハンデ9は「ぶら下がり」？

19→16→9→11→10→9→10

一見すると脈絡のない数字が並んでいるように見えるが、これは私のハンディキャップの変遷である。

前著『頭がいい人のゴルフ習慣術』でも述べたように、それまで月イチゴルファーだった私がコースのメンバーになり、初めて取得したオフィシャルハンディキャップは19だった。いまから7年ほど前のことである。その後月例会で二度優勝するなどして、ハンデが9になったのは、わずか1年後のこと。そのときの喜び、いや有頂天ぶりがどれほどのものであったかは、前著で述べた通りだ。

しかし、実際はそこからがドロ沼の始まりだった。スコアがまとまらないどころか、まともにボールに当たらなくなった私は、迷いに迷った末に、伊藤正治プロのレッスンに通うようになった。そこで私が学んだことをまとめたのが前著で、レッスンの成果があったことは、その後のハンデが11↓10↓9と、再びシングルになれたことでも証明できると思う。

やれやれ、今度こそホンモノのシングルになれた、と私は思った。しかし、ゴルフというのは、そう簡単にはうまくならないようにできているのか、それとも私の悪癖がよほど頑固なのか、ちょっとよくなったと思っても、しばらくすると昔のダメな自分が顔を出してくる。「今度こそわかった！」と思っても、それはその日だけ。「3歩進んで2歩下がる」ではなく「2歩進んで3歩下がる」。ハンデが減るどころか、忙しさにかまけてレッスンに通わなくなるうちに、ハンデは再び10に戻ってしまったのだ。

まあ、プロや「5下」の人々からすれば、ハンデ10も9も同じようなものだろうが、当人の意識としては、ハンデ10と9では月とスッポンとまではいわないものの、かなりの隔たりがある。ハンデ9といえば、曲がりなりにもシングルである。人からハンデを訊《たず》ねられて「9です」と言えば、「ほほう、お上手なんですねえ」と感心されることが多い（感心しないのは、ハンデ9以下の人か、ゴルフを知らない人）。

なぜ、感心されるのか。理由は単純で、ゴルファーならシングルというものがそうは簡単になれないことを知っているからだ。

たとえば私のホームコースには1000人ほどの会員がいるけれど、先日メンバーのハンデが掲載されているボードで数えてみたらシングルハンデのゴルファーは90人ほどしかいなかった。もちろん、メンバーのなかにはスコアカードを提出していないためにハンデが取得できない〝無冠の帝王〟みたいな人もいるはずだが、そういう人を加えてもシングルの割合は10パーセント以下と思っていいだろう。さらに、コースのメンバーになっている人の多くがホームコースを持たない月イチゴルファーよりゴルフに熱心であること（＝ちょっとはうまいこと）を考えれば、ゴルファー全体から見たシングルの割合はもっと少なくなるはず。一説によれば、シングルの割合は数パーセントだともいう。

とにかくもう一度シングルになりたい、というわけで再び伊藤プロのレッスンに通うようになったのが、２０１１年３月のことだった。ところが、直後に東日本大震災が起き、しばらくはゴルフどころではなくなった。いや、ゴルフだけでなく、仕事も手につかない日々が続いたのだが、そのうち身体《からだ》が鈍《なま》りに鈍るようになって、ようやく1カ月後にはレッスンを再開。この本は、それから約3カ月に及んだレッスンと伊藤プロとの会話のなかから生まれたものである。

私が新たに学んだことはこれから適宜紹介していくとして、伊藤プロとの会話は、いつしか「シングルになれる人とアベレージで終わる人の違いはどこにあるのか？」ということが主たるテーマになった。

初めてクラブを握ってはや30年近く。二度まではハンデ9にはなったものの、結果として11と9の間を行ったり来たりしている私にとって、シングルはやはりひとつの壁だった。ほんとうのシングルといえるためには、そう簡単にはハンデが2桁《けた》には戻らない実力、具体的にはハンデが7か8くらいになる必要がある。実際、某ゴルフクラブでは、ハンデ9のゴルファーは「必死でシングルにしがみついている」という意味で、「ぶら下がり」と呼ばれているという話も耳にしたことがある。言い得て妙だが、正直な話、ミジメな感じは否めない。

では、シングルにぶら下がらないためには何がどのくらい必要なのか？　そして、そもそもの話、私にはほんとうにシングルになれる資格というか素質があるのか？

練習熱心、運動神経がいい、飛距離が出る、飛距離は出なくともアプローチとパターがうまい、スイングの理論がしっかりしている、神経がか細くない……。

私も含めてふつうのゴルファーが思いつく「シングルになれる人」の条件はこんなところだろうが、伊藤プロとの会話のなかで、このなかのいくつかは否定され、いくつかの新たな条件がつけ加えられた。その中身についてもおいおい紹介していくとして――。

「関東シニアに挑戦せよ」

レッスンを再開して1カ月くらいたったときだった。私は伊藤プロから思わぬ提案をうけた。

7月に開催される関東シニアの予選に出てみてはどうかというのだ。

「これは、小泉さんが本当のシングルになれるかどうかの試験です。試合まであと2カ月。私もそのつもりでレッスンしますから、覚悟しておいてください」

冗談ではないと思った。関東シニアゴルフ選手権といえば、関東ゴルフ連盟が主催するれっきとした公式戦であり、予選→決勝と勝ち抜けば、最終的には日本シニア選手権というアマチュアのシニアゴルファーにとって最高の檜舞台《ひのきぶたい》にまでつながる試合だ。ホームコースのシニア選手権やゴルフ雑誌などが主催するシニアの試合とは、スケールもレベルも違う。関東在住の55歳以上のゴルファーのうち、腕に自信のあるベテランが結集する試合であり、出場する選手のハンデだって、大方がシングル、いや「5下」のゴルファーやクラチャンを取ったようなスゴ腕のゴルファーがうようよいるはずだ。そんなところに、私のような「ぶら下がり」ですらない人間がのこのこ出ていくのは場違いもはなはだしいのではないか。

たしかに、私は、初めてハンデ9になった6年前の年賀状に、「いずれは関東シニアにも出られるようなアスリートゴルファーになりたい」と書いた男である。しかし、いま思えば大言壮語もいいところ。あれはまだ自分のほんとうの実力を知らないシアワセな時代の戯言《ざれごと》のようなもので、ここ数年の自分のゴルフを振り返ってみれば、私に関東シニアに出られるような資格があるとはとても思えなかった。

「小泉さんは、シニアのなかではいちばん若いんですよ。飛距離も出るんだし、それだけ有利だと思えばいい」

伊藤プロにそう言われても、まだ「はい、出ます」とは言えなかった。が、次の瞬間、私はふとこんなことを思いついたのだ。「レッスンと取材で本を書くのはありきたりだけれど、そこに私の関東シニア挑戦という体験記が加われば、〝同時進行ドキュメント〟としても読める面白い本になるのではないか」。

私は、この自分のアイデアに一瞬、酔い、その酔った勢いで「じゃ出ます」と伊藤プロに言ってしまった。元編集者としての助平心の成せる業《わざ》というしかない。

もうひとつ、私がその気になったのは、ホームコースの友人Iさんの言葉を思い出したからでもあった。私より1歳年上の彼は2010年、初めて関東シニアの予選に出場した。雨中のラウンドという厳しいコンディションと、「90叩いたら研修会を除名されかねない（そんなルールはありません。為念）」というプレッシャーのもと、87も叩いてしまい決勝には進めなかったIさんだったけれど、その試合のあと、ホームコースで私と顔を合わせた彼は「来年は、小泉さんも出るんだよ。何事も経験だよ、経験。ゴルフは恥かかないとうまくならないからね」と言った。そのことを思い出したのだ。そのときの私は、他人事《ひとごと》のような顔をして聞き流したのだが、当時、ハンデ8のIさんでも最初は87を叩いたことを思い出して、私は少し気がラクになったというわけである。

帰宅して、あらためてネットで２０１０年の関東シニア予選の結果を調べてみた。

予選会場は全部で６コースあり、いずれも出場者数は１４０名前後。そのうちの上位22〜23人が決勝に進出していた。各コースでのベストスコアとワーストスコア、カットラインは以下の通りだった。

・唐沢ゴルフ倶楽部・三好コース……71〜92　カットライン75
・飯能ゴルフクラブ……72〜96　カットライン80
・袖ヶ浦カンツリークラブ・新袖コース……71〜96　カットライン76
・千葉カントリークラブ・梅郷コース……70〜99　カットライン78
・府中カントリークラブ……72〜93　カットライン76
・戸塚カントリークラブ・東コース……72〜99　カットライン78

ひと通りのデータを見ての最初の感想は、「なんだ90以上叩く人もけっこういるじゃないの」ということだった。いや、私も90を叩くことはちょくちょくあるのだが、当初、関東シニアはうまいゴルファーしか参加しないと思っていたから、この事実は意外だったのだ。そして意外というだけでなく、私にとっては一種の朗報でもあった。

それに関東シニア予選の場合、距離は6500〜6600ヤードほどと、ホームコースのレギュラー（青）ティーより短めのセッティングになっていることが多い。まあ、それならめったなことでは90は叩かないはず。少なくともビリになって恥をかくことはないだろうと私は踏んだのである。

「男子三日会わざれば……」

問題は、76〜78というカットラインがクリアできるかどうかという点だが、これはほぼ絶望的だと思った。

私のベストスコアは76で、過去2回ある。いずれも、ここ1〜2年の間に別々のコンペで出したものだ（ホームコースでは77がベスト）。つまり、私の実力からいえば、これまでのベストスコアを出して初めて予選を通るかどうかというところで、そんなめったにないことが、関東シニアという大舞台で起こると期待するほうがどうかしている。伊藤プロのレッスンを再開するまでのここ半年くらいの私の平均スコアは83〜84というところ。140人の参加者がいるとして真ん中あたりというのが私の実力だろう。予選を通るのはよほどの奇跡が起きない限り不可能、というのが常識的な見方といえた。

ただ、伊藤プロとのレッスンを再開して1カ月、私のゴルフの調子は明らかに上向きだった。ハーフを3回まわれば（はい、ホームコースではほとんどワン半やってます）、1回は39～41くらいで回れるようになり、ホームコースの師匠格であるクーさんからも、このところスイングがよくなったと言われていた。

「男子三日会わざれば刮目《かつもく》して見よ」という格言がある。「日々努力を怠らない男は、三日もたつと見違えるほど成長している」という意味だ。むろん、ゴルフが急にうまくなるスポーツではないことくらい百も承知している。たしかにハンデ20のゴルファーがハンデ15になるのはそう難しいことではないけれど、ハンデ10のゴルファーがハンデ8になるには、その倍（いやもっとか？）の努力が必要だろう。

それでも、私は、あと2カ月あれば、ハンデが8や7になれるかどうかはともかく、そこそこ戦えるようになるのではという密《ひそ》かな期待を抱き始めていた。伊藤プロとのレッスンや会話のなかから、私なりの「シングル像」というものが明確になりつつあり、少しずつ自分と重ね合わせられるようになっていたからである。

2カ月後の関東シニアまで、やれることだけはやろうと私は決心した。心意気としては「男子三日会わざれば……」の「男子」になってやろうじゃないの、である。

結果については、この本の最終章に書いた。伊藤プロとのレッスンがどれくらい生きたのか、そして「シングルになるとはどういうことか」を読み取っていただければ幸いである。

なお、この本でも前著同様、必要に応じて伊藤プロのブログ（**伊藤正治の〝ひらめきゴルフ塾〟ブログ　http://ameblo.jp/hiramekigolf/entrylist.html**）にある彼の動画レッスンを紹介した。アクセスしてそれらの動画を見ていただければ、活字だけではどうしても伝えにくいスイングの肝が理解していただけるはずである。

＊本文中では「(3)番ウッド」を「(3)W」、「ピッチングウェッジ」「サンドウェッジ」をそれぞれ「PW」「SW」と略しています。

ゴルフ・シングルになれる人、アベレージで終わる人／目次

4章 シングルのスコアメイク術 115

本文イラスト　岡田丈

1章

シングルになるために技術より大切なこと

ゴルフにおけるセレンディピティとは何か？

「小泉さん、セレンディピティって言葉、知ってますか？」

レッスンを再開したその日、伊藤プロは藪《やぶ》から棒《ぼう》に私にこう問うてきた。

「セレンディピティ」という言葉は知っていた。以前、古今東西の奇談を集めた本を編集するときに、世の中にはさまざまな偶然によってもたらされた発見があり、そんな「偶然訪れた幸運をつかみとる能力」といった意味で、この言葉が使われていたことを覚えていた。セレンディピティの例としては自然科学の分野に有名なエピソードが多く、たとえばフレミングによるペニシリンの発見やキュリー夫人のラジウムの発見など、実験での失敗がかえって幸いした話が知られている。

しかしまた、そのセレンディピティがゴルフとどういう関係があるのか？

「たとえば、極端な下りのスライスラインのパットで、5メートルもオーバーしたとします。ふつうのアマチュアなら、『ああ、こんなにオーバーしちゃったよ』とため息をついて終わりでしょう。ところが、セレンディピティのあるゴルファーならこう考えるはずです。ボールが止まった場所を見て、『もしここにカップが切ってあればジャストタッチでカップインした』と。つまり、そのときの自分のタッチを覚えておけば、今度、同じようなラインでいまより5

メートル先にカップが切ってあったとき、そのタッチを再現すればいいということ。ゴルフは、こういう記憶の蓄積がものをいいます。**失敗をただの失敗で終わらせているうちは、なかなかうまくならない**んですよ」

そう言われて、私はよくあるこんな場面を思い浮かべた。たとえば、夏場の重いグリーンで、ラインには乗っているのに、タッチが弱くてカップの手前で切れてしまうことがある。そういうことが続くと、いっしょに回っている仲間が慰めるようにしてこう言うのだ。

「惜しい。いつもの速さのグリーンなら入ってるよ……」

ラインは合っているのにショートするのは、要するにその日のグリーンの速さがつかみきれていないということだ。別な言い方をすれば、そのゴルファーの頭のなかには速いグリーンのイメージがこびりついていて、重いグリーンへの切り換えができていないということである。しかし、これは、逆にいえば、そのゴルファーのパッティングの距離感が確かだという証拠ともいえる。5メートルなら5メートルを判で押したようにショートしてしまうということは、「5メートルなら、こんな感じ」というものが確《しか》とありすぎるから。距離感が確かなゴルファーほど、グリーンの速さによって、タッチを変えることが苦手なのかもしれないのだ。

そこでセレンディピティである。せっかく、確かな距離感をもっているのだから、その距離感はそのままにして、5メートルをショートしないようにするにはどうすればいいかを考えてみればいい。

答えは、カップではなく、カップの50センチ先を見てストロークする、だ。距離感が確かなゴルファーほど、「カップまでの距離をパッと見ただけでタッチが出せる」ものだが、それでショートしてしまうのなら、カップではなく、「カップの先50センチ」を見ればいい。そうすれば、自然に「5・5メートルのタッチ」が出せるはずだ。しかし、実際はグリーンが遅いから、そのタッチで打っても5メートルしか転がらない。結果、そのパットは、いつものようにカップインしてくれるというわけである。

セレンディピティについて、伊藤プロにはこんな経験がある。現役時代、沖縄で開催されたその年最後のトーナメントに出場することになった。ところが、試合の1週間前に、右足が腫《は》れるくらいの捻挫《ねんざ》をしてしまった。一時は棄権も考えたが、なんとか歩けるので出るだけは出ようとなった。ただし、ふつうのスイングはできない。テイクバックで右足に体重が乗ったとたん激痛が走るのだ。仕方がないから、左足一本でスイングすることにした。

「沖縄って風が強いでしょ。結果的には、この左足一本でのスイングが功を奏しました。距離は若干落ちますが、ともかく曲がらない。結果、まずまずの成績が残せてランキングが上がり、翌年の試合にかなり出られるようになったのです」

これ以外にも、

・手のひらにマメができてそれまでのグリップができなくなった。そこでグリップのやり方を変えたところ、妙にしっくりして、スイングがスムーズになった。
・雨で足場が濡れた練習場。靴裏の滑りやすいスニーカーしかなく、やむなく滑らないことだけを考えてスイングしたところ、かえってバランスのいいスイングができるようになった。

などの経験が伊藤プロにはある。

いずれも、セレンディピティによる成功体験といっていい。災い転じて福となす。ゴルフは、ふだんやらないこと、できないことをやらざるをえなくなると、何かがひらめくことがあるのである。

セレンディピティを発揮するためには〝しつこさ〟が必要

私にもこんな経験がある。まだハンデが16前後の頃だ。ホームコースの3番ホール（424ヤード・パー4）でドライバーを右に曲げ、林のなかに打ち込んでしまった。グリーンまではまだ170ヤードはあり、しかも5ヤードほど前にある木の枝が邪魔をしているため、グリーンを狙うには自分の身長くらいの高さのボールを打つしかないという状況だった。私は4番アイアンを短く持って、とりあえず花道方向を狙い、8時―4時くらいのつもりでスイングをした。乗せるつもりはなく、ほとんど「出すだけ」のつもりだったから、力みだけはなかった。

軽くポンと打った。手には完璧に芯を食った感触が残った。と、イメージしたより強くて低いフェードボールが出て、グリーンの手前20ヤードのところにキャリー。そして、5バウンド目くらいでグリーンに乗ると、するするとカップに寄っていくではないか。

結果は超ナイスバーディー！　あのショットでの手のひらに残った感触は、いまでもはっきりと覚えている。

そして、あのとき私はつくづく実感したのだ。ヘッドの芯にさえ当たれば、たとえハーフスイング以下でも、ボールはけっこう飛ぶのだということを。これもひとつのセレンディピティといえるだろうか。以来、私は、木の枝の下を通すような低いボールを打つのがけっこう得意になった。これはまあ、ボールがよく曲がるため、そういうショットを打つ機会が人より多いからでもあるのだが。

シングルゴルファーなら、たいていそういう経験のひとつやふたつ、いやもっとたくさんあるはずである。

ラウンド中に、「あっ、わかった」という瞬間がある。クーさん〈前著ではKさん。69歳にしてドライバーを250ヤード飛ばすSG（スーパー爺さんの略）〉などは毎回ラウンドの残り3ホールあたりでかならずそう叫んでいる。もっとも、その多くは「わかったつもり」だと私は思うのだが、それでも「わからない」よりはいいのではないか。なぜなら、ゴルフというのは、「わかった」↓「やっぱりダメだった」を何回もくり返しながら、少しずつスイングの真理・本質・肝に迫っていくはずのものだからだ。

では、そういう「わかった」を何回も体験するためには、何が必要なのか？

伊藤プロはズバリ「しつこさ」だと言う。「いつかきっとスイングの肝を見つけてやろう」というしつこさ。**練習でもラウンドでも、一打一打、自問自答しながら何かを発見しようとするしつこさ。そういうしつこさがないとシングルにはなれない**と伊藤プロは言う。

「私の仕事は、アマチュアにスイングのレッスンをすることです。こうすればスライスは直るとか、ダフらなくなるという指導はいくらだってできますが、ほんとうのことをいえば、私ができることというか、やりたいことは、生徒にスイングの肝を発見するためのヒントを与えることだけなんですよ。私たちプロには見えていることが、アベレージゴルファーには見えていない。だから、私はいろんなドリルをやってもらったり、模範のスイングを見せたりすることで、〝こうすれば見えるはず〟というヒントを与えているつもりです。べつにモッタイぶっているのではありません。スイングの肝というのは、ゴルファー自身が自分で感じとるしかない。そこは、言葉ではなかなか伝わらないのです」

ところが、実際は、伊藤プロが模範スイングやドリルをやってみせることでヒントを提供しても、「プロだからできる」とか「自分は年だからできない」「身体が硬いから無理」などと言う生徒が少なくないという。

たしかに〝正しいスイング〟はけっしてラクではないから、年をとったり、身体が硬かったりすれば、かなりきついのは事実だろう。しかし、そこを諦めずに、年なりに、身体が硬いなりに努力する人は絶対に伸びると伊藤プロは言う。諦めた人は、そこで終わるのだ。

我がホームコースにも、クーさんや74歳の元キャプテン・ナオさんなど、かなりお年を召していても、いまだに自分のスイングをああでもない、こうでもないとラウンドのたびにいじくりまわしているシングルゴルファーがいる。

今年85歳になる私の父は、「年をとるということは、昨日できたことが今日できなくなることだ」と私に言ったことがあるけれど、だとすれば、クーさんやナオさんが、毎日のようにスイングのことを考えている理由もよくわかる。大先輩に対して失礼な言い方かもしれないが、彼らがいまの飛距離やスイングを維持するためには、日々スイング改造が必要なのだ。いや、こんなことをいうと彼らはきっと怒る。「現状維持だって？　とんでもない。おれは、もっと飛ばしたいから、スイング改造に取り組んでいるのだ」と。

年配のゴルファー以外にも、もちろん〝しつこいゴルファー〟はいる。たとえば、伊藤プロの教え子のMさんは、２０１1年ホームコースの女子のクラチャンになり、ハンデも9になった名手だが、13年前、伊藤プロの門を叩いたときは、まだ１００も切ったことのない、どこにでもいる主婦ゴルファーだったという。しかし、競技ゴルフを目指すと決心して、それから5年間というもの、100ヤード以内のアプローチとフェアウエイウッド（FW）を〝しつこい〟くらいに練習した。なにせ、この数年、私が取材やレッスンで伊藤プロのいる練習場に行った際、彼女がいないことはまずなかったほど。さらに驚くべきは練習の球数で、1回につき300球は打つというのだから、私より年上の女性ゴルファーとしては驚異的とさえいえる。かくして彼女のアプローチは、いまでは伊藤プロが〝ひらめき〟のヒントをもらうこともあるほど上達したという。このほかにも、伊藤プロの教え子には、千葉の東金からスクールのある三鷹まで、2年間毎週欠かさず通い続け、平均スコアを100から90へと十打も縮めたAさんのような人もいる。

ひと言でいえば「飽くなき向上心」ということになるだろうか。伊藤プロは、セレンディピティの回路を広げるためには、そういうしつこさが絶対に必要であり、ひとつのことを継続できることは、それ自体が才能であり、センスだともいう。そして、ここで紹介してきたような「どうすればもっとうまくなるか？」ということをしつこいくらい考え続けている人だけが、ある日、何かをひらめくというのだ。

ヨーロッパの諺《ことわざ》に、「幸運の女神には前髪しかない」というのがある。幸運の女神はあっという間に目の前を通りすぎる。だからその前髪を素早くつかみ取らないと、チャンスはものにできないといった意味だ。

伊藤プロも、教え子にはつねづね「ラウンド中は絶対に下を向くな」と言っているという。ミスをしたり、スコアが悪かったりで、メゲて下を向いて歩いていると、頭に浮かんでくるのはミスショットした後悔や自分の下手さ加減への呪いばかりで、何かプラスになるようなことを発見するということがない。これでは、チャンスをつかみ損ねるのだ。しかし、**つねに前を向いて歩いていれば、ラウンド中はもちろん、ラウンド後の風呂の中でもどこでも、あっ！と気がつくことがある。**そして、その「あっ！」が、その人のゴルフを進歩させてくれる。

考えてみれば、これは仕事も同じではないか。私の仕事でいえば、「明日、企画会議があるから」といって急に考え出しても、いい企画など浮かぶはずがない。ふだんから上司の悪口ばかり言っていてもダメだろう。いい企画は、つねに前向きな姿勢で、年から年中企画のことを考えている者だけに、ある日突然、舞い降りてくるのだ。

クーさんやナオさんのように、四六時中ゴルフのことを考えるというのは、ふつうのサラリーマンはもちろん、私にだって無理だ。しかし、シングルになりたければ、ある時期だけでいいから、1日に10分でもゴルフのことを考えてみてはいかがだろう。さすれば、そう遠くない将来、あなたの前にゴルフの女神が舞い降りてくること、それはもう間違いがないと思うのである。

シングルに必要な「感性」とは

一時期、ゴルフがうまくなるためには、ロボットのようにならなければならないと思っていたことがある。読者のなかにも、クラブやシャフトのメーカーが試打用に開発したスイングロボットのようなものを見たことがある人がいるはずだが、あのイメージに近い。とにかく打ちたい方向に正しくアドレスして、ボールにクラブフェイスをセットしたら、あとはロボットのように微動だにせずスイングする。ロボットのようにスイングするのだから、スイングプレーンは不変。そして、たとえば7番アイアン＝150ヤードのように距離に応じたヘッドスピードをセットしておけば、いつだってその距離がピタリと打てる。原理的にはミスショットなどありえようはずがない。

もちろん、こっちは人間だからいつもいつもロボットのようにはいかない。しかし、ゴルフがうまくなるということは、そういうロボットに一歩でも近づくことではないか——私はそんなふうに思っていたのだ。

シングルになるためには、トラック一杯分のボールを打たなければならないという〝神話〟がある。実際の球数はともかく、ナイスショットの再現性を高めるためには、たしかにたくさんボールを打つことで、自分の身体に正しいスイングの動きを覚え込ますしかないだろう。だとすれば、これは自分をロボットに近づけるためのトレーニングといってもいいのではないか。

しかも、だ。ロボットには心がないから、プレッシャーを感じることも、ミスしてカーッとなることもない。ゴルファーがロボットに近づこうとすることは、いいことずくめではないか――。


しかし、あるとき、この考えは間違いであることに私は気がついた。なるほど、ロボットのようにスイング中、軸がぶれることもなく、前傾角度も変わらず、いつも同じスイングプレーンで打つことは大切には違いない。しかし、ロボットの真似をしていいのは、スイングのメカニカルな部分だけでいいのではないか。

どういうボールを打ちたいのかを決めるのは、あくまでゴルファーの心だ。たとえば、同じ30ヤードのアプローチショットでも、7番アイアンで転がすのか、PWでピッチエンドランでいくのか、SWでふわりと上げるのかを決めるのは、ゴルファー自身だ。ゴルファーは想像力を駆使し、なおかつ感性を働かせることによって、アプローチの打ち方を決めるのである。

「このライなら、SWのフェイスを開いて、アウトから入れれば、ボールはふわりと上がって、カラーの部分に落ちる。あとは、グリーンの傾斜通りにとろとろと転がって、カップに寄る……」。ゴルファーなら誰でもそんなイメージを描いてスイングするはずだ。つまり、このときゴルファーに必要になるのは想像力である。

そして、**実際にボールを想像した通りに打つためのスイングの〝感じ〟は、ゴルファーの感性によって決まる。**構えたときの重心の位置、グリップを握る強さ、クラブの振り幅、SWのバウンスの利用の仕方などなど、こうしたショットをロボットにさせようとすると、インパクトすべき項目が何十項目にも及んでしまうに違いない（実際のラウンドなら確実にスロープレイになって、ペナルティものでしょうな）。しかし、ゴルファーなら、うまい人ほど、短時間でその〝感じ〟がイメージできる。プロやシングルは、いちいち打ち方などは考えない。自分のイメージを表現するためのスイングが自然にできてしまうのだ。

それを可能にしているのは経験によって培われた感性の力としかいいようがない。しかも、これが優勝がかかった試合のようなプレッシャーのなかでは、プロやシングルはアドレナリンの分泌量の増加にともなう想定外の飛び、力んだときに出やすいミスショットまで計算に入れたりもするのだ。

こういう芸当はロボットにはまずできない。なぜなら、心をもたないロボットには感性が存在しないからだ。

セベと石川遼に学ぶ感性の養い方

私がそう実感したのは、２００９年、小樽カントリー倶楽部で開催されたサン・クロレラ・

クラシックで優勝した石川遼の言葉を聞いたときのことだ。このときの彼のキャディバッグには、9番アイアンがなく、代わりに5Wと2番アイアンが入っていた。石川遼の5Wと2番アイアンの飛距離は、どちらも240ヤード前後だが、弾道の高さが違うという。5Wは6番ホール（536ヤード・パー5）の二打目で高いボールを打つために、2番アイアンは難関の2番ホール（407ヤード・パー4）のティーショットで低いボールを打つためにどうしても必要で、その二本のクラブをキャディバッグに入れるため、9番アイアンを抜いたのである。

優勝後の記者会見で、「なぜ9番アイアンを抜いたのか？」と問われた彼は、こう答えた。

「距離感は気持ちです」

なんとまあカッコいいセリフだろう。たしかにプロなら、PWのロフトを立てたり、あるいは8番アイアンのロフトを寝かせたりすることで、9番アイアンの距離を打つことはさして難しいことではないはずだ。しかし、石川遼はそうしたテクニックについては言及していない。いや、言及していないどころか、「距離感は大きいクラブをソフトに振ったり、小さいクラブを強く振ったりなど、形ではできない」と言っている。距離感をつくるのは形、つまりテクニックではなく、「気持ち」。まさに、想像力と感性の世界といっていい。

この話を伊藤プロにしたら、彼はちょっと考えてから、「9番アイアンね。うん、私も一本抜くとしたら9番アイアンですね。いやー、すごくよくわかる」と言った。

将棋のコンピュータソフトがもっとも得意なのは、詰め将棋だという。詰め将棋は、何手か先にはかならず「詰み」という正解があるから、一手一手しらみ潰しに指し手をチェックしていけば、やがて正解にたどりつく。1秒間に何万手と読むコンピュータなら、朝飯前の作業だ。ところが、そんなコンピュータも、中盤の形勢判断は、まだまだ苦手らしい。コンピュータにできるのは、せいぜい「先手のほうが駒得しているから有利」というような、計算できる要素をもとに形勢を判断することくらいなのだ。

その点、プロ棋士は、〝駒の伸び〟とか〝模様〟とか、もっとアナログ的な見方で形勢を判断する。そして、そのほうがコンピュータのデジタルな判断より正確だというのだ。

プロゴルファーの感性も、プロ棋士のアナログ的なものの見方とよく似ている。アマチュアの場合、ピンまでの距離だけでオートマチックに使用するクラブを決める人が多いけれど、クラブの番手選びは、単にピンまでの距離だけでなく、**風やライはもちろん、その日の自分の体調や〝気分〟まで織り込んだうえで、どんな球筋でいくかをイメージしてから決める**必要がある。ゴルフの感性とは、そういうことを何度もくり返すことで初めて、少しずつ培われていくものだろう。

「**練習では、たとえば100ヤードをすべてのクラブで打ってみること**です。SWなら、かなりロフトを立てないと届かないし、わざとハーフトップさせるという打ち方もある。反対に6

番アイアンだと、ハーフショットでもオーバーしてしまう。これがドライバーになると、もっと難しい。でも、そういう練習をやっていれば、かならずゴルフの感性というのは磨かれてきます。そして、そういう感性こそがスイングを磨き、ひいては実戦でのスコアメイクにも役立つんです」

昨年亡くなったセベ・バレステロスは、少年時代、キャディをしていた兄から錆《さ》びた3番アイアンのヘッドをもらい、それに枯れ木を挿《さ》した手製のクラブ一本でゴルフを覚えたといわれる。セベは、そんな3番アイアンでバンカーショットも打ったのだ。

セベといえば、〝絶対に寄るはずのない場所から寄せるアプローチ〟や〝木と木の間の数十センチの隙間を通すリカバリーショット〟など、数々の神業で知られるが、彼の技術、いや感性が錆びた3番アイアンだけで培われたことを思うと、私は感動する。そして、毎年のようにクラブを取っ替え引っ替えしている自分が、なんとも情けない存在に思えてくる。

まあ、3番アイアンで10ヤードから二百数十ヤードまでの距離を自在に打ち分けることができ、しかもバンカーショットまでできるとなると、それだけでシングルどころか、プロ級の腕前だろうが、シングルになるためには、ときにはそういう練習も必要に違いない。読者諸兄も、いつもフルショットの練習ばかりしていないで、１００ヤードをすべてのクラブで打ち分ける練習をしてみてほしい。やってみると、これが意外なほど楽しいことに気づくはず。そうなのである。感性というのは、遊び心によって磨かれる部分もまた大なのだ。

なぜ、ボールを打たなくてもゴルフの腕前がわかるのか？

自慢ではないが、私は、スキーなら優にシングルクラスの技量があると自惚《うぬぼ》れている。大学1年の春休み、すでに1級のバッジテストに受かっていた私は、帰省中に1カ月近く地元のスキー場に通いつめ、そこで知り合いの指導員からみっちりマンツーマンのレッスンを受けた。そして、最終的には彼から「準指導員になれる」というお墨付きをもらった。娘たちが小さいときは、毎冬のようにスキー場につれていき、娘を肩車しながらパラレルをしたり、後ろ向きに滑りながら娘の滑る姿をビデオに撮るなんてことも朝飯前だった。

そんな私がこれまで数多くのスキーヤーを見てきて思うことがひとつある。それは、スキーの腕前は、スキーヤーが実際に滑っているところを見なくてもわかる、ということである。

スキーを担いでいるときの歩き方、リフトを待っているときの立ち姿など、スキーのうまい人というのは、なんというか、姿勢や全体の雰囲気が決まっている。具体的には、股関節や膝、足首の曲げ具合、重心の位置、ストックの持ち方、目線などに安定感があり、いうならば〝スキーうまいオーラ〟が出ているのだ。その点、スキーの初心者は、それらすべてが決まっていない。一歩でも歩を進めようとすると、すぐにでもコケそうな危なっかしさが容易に見て取れるのだ。

ゴルフについてはとても自慢できるような話がないため、いささかスキーの話が長くなってしまったが、なぜ、こんな話をもち出したのかといえば、すでにおわかりだろう。ゴルファーもまた、実際のスイングを見なくても、その腕前がわかると思うからである。

ティーグラウンドへの上がり方から始まって、ティーアップの仕方、ボールの後方に立って球筋をイメージしているときの目線、そしてアドレスへの入り方まで、実際にボールを打つまでの動作やちょっとした仕草が、流れるように美しい人は、まずゴルフがうまい。

これが、実際の素振りになるともっとはっきりする。たとえば30ヤードのアプローチショット。シングルゴルファーなら、その素振りを見ただけで「あ、これは寄るな」ということがわかってしまうことが多い。これが、タイガーやミケルソンともなると、「お、これは入れるつもりだな」ということがビンビン伝わってくる（実際その通りになる、というシーンを何度目撃したことか）。

その点、ゴルフの下手な人は、ティーアップのやり方からして、美しくない。和式便所にしゃがみこむようにして腰を落とし、草むしりでもするようにティーアップしようとしたり。30ヤードのアプローチの素振りにしても、「おいおい、それじゃ70ヤードは飛んじゃうよ」というオーバースイングだったり。まあ、それでも、インパクトの直前にヘッドを急に減速させて、結果的に寄ってしまうこともあるのだが、そういうショットを見せられても、こちらとしては「うまい！」という言葉は出てこない。苦笑しながら「器用だねえ」と感心するくらいが関の山だろう。

たしかに、なかにはそういう〝結果オーライ〟を、場数によって〝結果オーライ〟ではなくしてしまったゴルファーもいる。伊藤プロによると、実際に「ハーフトップさせないと寄せられない」というアマチュアゴルファーがいるといい、我流もそこまでいけば立派というしかないのだけれど、そうなるためにはお金とヒマがなければならないこともたしかだろう。

「うまそうに見える」人がシングルになれる理由

話を元に戻すと、ここで言いたいのは、「うまそうに見える」ということの重要性である。

「レッスンで、私は生徒に『うまそうに見えるよ』と言うことがよくあるんですが、そうするとまわりの生徒たちが笑うんですよ。こちらとしては大マジメに褒めたつもりなんですが、どうやら生徒たちはカッコのことだけを言っていると思っているらしい。でも、そうじゃないんです。カッコはとても大切。**うまそうに見える人というのは、プロゴルファーでも誰でも、ゴルフのうまい人をよく観察している。そういう人は、かならずうまくなる。**ほら、『学ぶ』の語源は『真似る』というでしょう。ゴルフに限らず、あらゆるスポーツは真似から入るんです。

自分なりに何かを発見するのは、うまい人の真似が終わってからでいい」

私の世代なら、巨人の長嶋に憧れて、あの一塁への送球の仕方を真似したという人が大勢いるはずだ。サッカーのJリーグの選手のなかにも、休日は録画したスペインリーグの試合を終日見ているという選手がいる。そこでメッシのドリブルを何度も見て、その足さばきを目に焼き付ける。そして、いつか自分もメッシのようなドリブルができるようイメージするのだ。そういえば、私だって、スキーに熱中していた頃は、当時史上最強といわれていたステンマルクの滑りを何度も頭のなかでイメージしたもの。いま思えば、当時ビデオがあれば、もっとスキーがうまくなっていたかもしれないと思うほどだ。

日本のプロゴルファーでいえば、まだ20代だった丸山茂樹による尾崎将司の真似が秀逸だった。表情といい、アドレスの入り方といい、いちばん似ていたのはその口ぶりだったけれど、ともかくジャンボが乗り移ったかのようだった。後年、丸山がアメリカのツアーで勝つようになると、彼のアプローチのうまさは当時、世界でも3本の指に入るといわれたが、そこに、やはりアプローチが抜群にうまかった全盛期のジャンボの薫陶を見て取るのは私だけではないはずだ。

最近では、テレビ番組で見た石川遼の「タイガーのアドレスの入り方」の真似もなかなか見事だった。素振りもそっくりだったし、ターゲットを決めてから何歩でアドレスに入るというところまで正確に再現しており、ひとつの芸になっていた。ああ、石川遼は、ほんとにタイガーが好きなのだなあ、ということがよ〜くわかった。

人間は、好きなものなら目を凝らして見てしまうのである。まして、その好きなものが、自分が進もうとしている道の偉大な先達であれば、知らず知らずのうちに、そのすべてを吸収しようとする。これはスポーツマンにとっては、本能みたいなものだろう。

「ゴルフがうまそうに見える人は、うまい人のルーティンから見ています。テレビのゴルフ中継だと、ルーティンの部分はカットされることが多いから気づきにくいんですが、プロの場合、ティーショットはもちろん、すべてのショット、アプローチ、パットでアドレスに入るときの歩数まできっちり決めている選手が珍しくない。ですから、**好きなプロゴルファーがいるのなら、ぜひとも試合を見にいって、18ホールついて回ることを勧めます。**そして、スイングだけでなく、歩き方からちょっとした仕草まで、そのすべてを真似てみるのです」

なるほど、そうなれば、かなり「うまそうに見える」ようになるのは間違いがなさそうである。「うまそうに見える」ことは、シングルへの一里塚。あなたがタイガーや石川遼が好きなら、ドライバーの真似はやめにして（おそらく100人のアマのうち99人は身体能力的にいって不可能だろう）、まずは彼らの歩き方やルーティン、実際のショットならアプローチやパットなどのショートゲームから真似をしてみてはいかがだろう。

〝意図〟が伝わるゴルファーはシングルになれる

ゴルファーの目的は、ふつうひとつしかない。いかに少ない打数でカップインさせるか、である。そのために、ゴルファーは一打一打について〝意図〟をもっている。スコアメイクのためには、ボールがただ真っ直ぐ飛べばいいというものではもちろんなく、コースのレイアウトやハザードのありか、風とライ、さらには自分の技量と相談しながら、自分がベストと思う攻め方を考える必要がある。

プロやシングルの場合、そうした〝意図〟は、口に出さなくてもこちらに伝わる。「ああ、ここは右から木の枝がせり出しているから、フェードを打つつもりだな」とか、「アゲンストが強いから、低いボールを打ちたいんだな」とか、アドレスに入る前のルーティンやちょっとした仕草、目線を見れば、これから打とうとしているショットの〝意図〟が同伴プレーヤーやギャラリーに伝わるのだ。

ところが、アベレージゴルファーの場合は、そうした〝意図〟が伝わらない人が多いと伊藤プロは言う。

「もっとも多いのが、不可解な構え方をしているケースです。フックを打たなければならない場面なのに、スライスを打つ構えをしていたり、木を越すためには高いボールを打たなければならないのに全然そういう構えになっていなかったり。これは単に技術の問題、つまりフックや高いボールの打ち方を知らないから、そういう構えができないと思っている人が多いはずですが、けっしてそうではない。ゴルフをやったことのない人でも、ボールを左に曲げようと思えば、ヘッドをインサイドから入れてきて、ボールを巻き込むように打とうとするはずだし、高いボールを打とうと思えば、アドレスでは自然に右足体重になって右肩が下がる。もちろん、やりすぎはミスの原因になりますが、**アベレージゴルファーのなかには、打ちたいボールが出るような自然な構えができていない人が多い**のです」

なぜか？　伊藤プロによると、そういうゴルファーにはそもそも打ちたいボールのイメージが希薄だからだという。

「ここはどうしてもフックを打たなければならない」というケースなら、プロゴルファーはインサイドアウトの素振りを何度もくり返し、その目線はボールと出球の方向を何度も往復するはずだ。そして、70ヤード先で左に45度曲げようと思っていれば、彼の目線もイメージした球筋を追うように70ヤード先から左に移動していく。そうすることによって、最初はぼんやりとしていたイメージがだんだんリアルになってくる。そして、「よし、この構えとスイングならイメージ通りのボールが出る」と確信して、アドレスに入るわけだ。

いっぽう、イメージが希薄なアベレージゴルファーは、目の前のボールばかり見ているため目線があまり動かない。いや、目の前のボールばかり見ているからイメージが希薄なのかもしれないが、ともかくそうなると最初の〝意図〟（あったとしての話だが）はどこへやら。いつのまにか目の前のボールにうまくヘッドを当てることだけが目的になり、構えも意図したボールが出るような構えではなくなってしまう。これでは、まわりに〝意図〟が伝わらないのも当然だろう。

前著『頭がいい人のゴルフ習慣術』で、ゴルフはターゲットスポーツだというのに、アベレージゴルファーにはあまりにも狙っている人が少ないという伊藤プロの話を紹介したけれど、結局、〝意図〟が伝わらないゴルファーというのは、スイングのうまい下手を云々《うんぬん》する以前に、明確なターゲットを設定していないともいえるわけである。

「プロのトーナメントを見ていると、攻め方が難しい場面では、選手の気持ちがよくわかります。ここは危険を覚悟してピンをデッドに狙うのか、安全にいくのか。覚悟を決めた選手は、ルーティンからしてその覚悟が伝わってきますが、最後までクラブを取っ替え引っ替えしたりして迷っている選手、目線がなかなか定まらない選手は、アドレスに入ってもまだ迷っていることが多い。こうなると、十中八九ミスします。私が見ていて、（あ、これはミスるぞ）と思うと、たいていその通りになりますね」

まあこの場合は、「迷っている」ということが伝わったわけで、その意味ではさすがに何を意図しているのかわからないアベレージゴルファーとは違うとはいえますが。

もっとも、私だってエラそうなことは言えない。おそらく私のティーショットのアドレスからは「ドーンと飛ばしたい」という〝意図〟（というか願望？）しか伝わってこないはずだからだ。

スイングに必要な〝気持ちよさ〟とは？

あなたがゴルフにハマったきっかけは何でしたか？

私の場合は、いまから30年近く前、初めて連れていかれたコースで、ゴルフ場の広さと美しさに一発でノックアウトされてしまったのがまずもって大きい。

社命に近いような形でゴルフを始めたものの、練習場では振れども振れどもうまく当たらない。そうなると、「ゴルフなんて、オヤジのスポーツだろ」とか「女性（キャディ）にクラブを持たせるなんて、男として恥ずかしいではないか」とか、いろいろご託を並べたくなってくる。心のなかでそうブツブツつぶやいていた私が、しかし初めてコースに連れていかれて、1番ホールのティーグラウンドに立った瞬間、その広さと緑の芝生の美しさに圧倒されてしまったのだから、人生一寸先がどうなっているかわからない。そして「こんなに広い場所をたった4人でプレイするとはなんと贅沢なことか」と感動すらしたのだから、いま思えば我ながらその変わり身の速さに驚くというか呆《あき》れるというか。

さらに、そのラウンドでは、たった一発だったがドライバーが芯を食った。これがダメ押しだった。ただドライバーを振り回していただけで、ボールにしてみれば無免許運転のクルマにぶつけられたようなものだっただろうが、それでもこちらには、えも言われぬ感触と、「うわっ！」と叫びたくなるような驚きがあった。上司の「ナイスショ！」という掛け声とともに、青空を切り裂くように飛んでいく白いボール。そのとき、ミもフタもない言い方だが、思わず私はこう口にしてしまったのだ。

「ああ気持ちいい！」

……以来、私は、この〝気持ちよさ〟だけを求めてゴルフをするようになった。もちろん、初めて100や90を切ったときやバーディーをとったときの歓びも少なからずあったことは認めなければならないけれど、ドライバーを気持ちよく振り抜いて270〜280ヤード飛んだときの快感はそれとは異質というか次元が違った。

ゴルフは、あらゆるスポーツのなかで、もっとも遠くまでボールを飛ばせるスポーツだ。そんなスポーツをやっている人間にとって、誰よりも遠くにボールを飛ばせるということが気持ちがよくないわけがない。陸上競技に砲丸投げやハンマー投げ、槍投げなどの投てき競技があるのも、ゴルフにドラコン選手権があるのも、人が「より遠くにモノを飛ばすこと」に対して本能的な歓びを感じるからだろう。だとすれば、ゴルフにおける〝飛ばし〟は、ゴルファーにとって業《ごう》のようなものではないか。その意味で、私がある時期まで、飛ばすことの〝気持ちよさ〟を味わいたくてゴルフを続けてきたのは至極当然だったのだとあえて言いたい。

しかし、その一方で、こうも思うのである。飛ばすことの〝気持ちよさ〟を求め続けてきたばかりに、しばしばスイングが乱れたり、変なクセがついたり、パットやアプローチの練習がおざなりになるなどして、なかなかスイングもスコアもまとまらず、それがシングルになれなかった大きな要因だったのではないか、と。

そんなことを私はある日、伊藤プロに懺悔《ざんげ》するようなつもりで話した。すると、伊藤プロからはまったく想定外の答えが返ってきたのだ。

「ゴルフに〝気持ちよさ〟を求めるのは当たり前ですよ。私は生徒につねづねこう言っています。**ゴルフでいちばん大切なのはタイミング、次が〝気持ちよさ〟**だって。ただし、ゴルフに大切な〝気持ちよさ〟は、何も飛ばすことだけではない。ドライバーじゃなくても、ウェッジでもいい。自分なりのタイミングを探して、スパッと振り抜けたときというのは、プロだって気持ちがいい。その〝気持ちよさ〟というのは、ゴルファーなら誰でもずっと追求すべきもの。だから、小泉さんも〝気持ちよさ〟を追求する気持ちは、いつまでも失わないでほしいのです」

こう言われて、私は、伊藤プロの言うことが、じつにまっとうな話だということに思い当たった。ボクサーなら相手をノックアウトすること、柔道なら相手をスパッと投げること、野球のバッターならピッチャーの投げた剛速球をバットの芯に当ててホームランすること、ピッチャーならそのバッターの次の打席にもっと速い球を投げて三振に打ち取ること……例をあげだすとキリがないけれど、これらはみなスポーツをする人間にとって「気持ちがいい」ことのはずだ。そして、その〝気持ちよさ〟を求めることこそが、厳しい練習に耐えてでも、そのスポーツを続けようとする原動力になっているのではないか。スポーツから〝気持ちよさ〟を取り除いたら、それはもはやスポーツではないのだ。

明治時代、アメリカから輸入されたベースボールは、日本では長い間、〝野球道〟として精神修養・人間形成の一手段みたいにされてしまった。しかし、野球も他のスポーツも、その本質は〝play〟、つまり〝遊ぶ〟ことにあるのではないか。精神修養や人間形成はべつにスポーツなどに頼らなくても、会社でも学校でも町内会でも家庭でも、その人に向上心がある限りどこでもできる。たしかにスポーツすることでも人間的に成長できる部分はあるだろうが、それはいわば結果論。スポーツは、本来的にもっと自由なものであり、やってみれば単純に「気持ちがいい」ものなのだ。そして「気持ちがいい」からこそ、端からはツラそうに見える練習にだって耐えられる、いや、当人はそんな練習でも案外、楽しいのである。

同じことは、スポーツを観る側にもいえる。アスリートたちは素晴らしいパフォーマンスをし終えたあと、ほんとうに気持ちのよさそうな笑顔を見せる。そして私たちは、そんな彼らの笑顔を見て、素晴らしい音楽を聴いたり、芝居を観たりしたときと同じように気持ちがよくなる。〝気持ちのよさ〟は、スポーツをする側だけでなく観る側も幸せにする。そうでなければ、オリンピックやワールドカップ、そしてマスターズや全英オープンに世界中の人々があれほど熱狂する理由が私には説明できない。

　話がいささか大上段になってしまったが、では、ゴルフの場合、その〝気持ちよさ〟をもっと具体的にいうとどうなるのか？

「ああしろ、こうしろと命じられなくとも、感じたままにスイングができて、その結果がイメージ通りになったときでしょう。ここでいう〝命じられる〟とは、コーチ役からあーせいこーせいと指示されることだけではなく、自分で自分にする命令のことも含まれる。こういうライでは、こう構えなきゃいけないとか、スイング軌道がアウトサイドインじゃなきゃいけないとか、考えながらするスイングというのは絶対に気持ちがよくない！　だいいち、それでは集中力も生まれない。**メカニカルなことは一切考えずに、タイミングだけに留意して、無心でスイングする。そういうショットは〝気持ちがいい〟のはもちろん、ナイスショットの極意でもあるのです**」

　石川遼のスイングを評して、「気持ちがいいくらいに振り切っている」とよく言う。スイングのなかに躊躇《ちゅうちょ》や不安、力みがあると、スムーズさに欠けて、観ている側も気持ちがいいとは思えないものだが、迷いなく振り切れているときは、その〝気持ちよさ〟がこちらにも伝わってくるのだ。

しかし、ほんとうのことをいえば、石川遼のスイングは、15歳で彗星のように現れたときのほうがいまより見ていて気持ちがよかったと私は思う。ただ、20歳になって、世界のトップを目指すためには、足りないものがたくさんあることに気づいた彼は、いま、その足りないものがどうすれば自分のものになるのか、試行錯誤している最中なのだろう。

まあ、私のようなヘボゴルファーとは比べるべくもないけれど、私にも私なりの足りない部分、改善すべき部分が山ほどあり、それは練習で少しずつものにしていくしかないと思っている。そして、最終的には、〝考えないでできるスイング〟＝〝ほんとうに気持ちのいいスイング〟を一日でも早く自分のものにしたいと。そんな日がくれば、シングルもシングル、5下以下になっていても不思議はないのだが……。

目指すべきは〝自然に逆らわない〟スイング

〝気持ちのいいスイング〟について、もう少し考えてみる。〝気持ちがいい〟とはかなり抽象的な言い方だが、伊藤プロがタイミングの次に大切というように、どうやらこれはスイングの肝になりそうな言葉だと思うからだ。

最初に区別しておかなければならないのは、ゴルフにおける〝気持ちよさ〟には、スイングそれ自体がもたらすものと、結果によってもたらされるもののふたつがあるということだろう。

いま思えば、私が初めてのラウンドでドライバーの芯を食ったときの〝気持ちよさ〟は、多分に結果によってもたらされたものだった。たしかに手には芯を食った心地よい感触が残ったけれど、おそらくそのときの私のスイングは、スイングプレーンも目茶苦茶、フィニッシュでも大きくバランスを崩していたと思う。それでも、マイナス×マイナスがプラスになるように、偶然大当たりが出るのがゴルフ。おまけに当時の私は〝正しいスイング〟とはどういうものかまったくわかっていなかったから、ドライバーが誰よりも飛んだという〝結果〟だけで十分に気持ちがよかったわけだ。

シングルを目指すゴルファーなら、こうした結果オーライみたいなショットが気持ちがいいはずがない（スコアメイク的には歓迎すべきだが）。目指すべきは、スイングそれ自体がもたらしてくれる〝気持ちよさ〟でなければならない。

そういう〝気持ちよさ〟を感じるためにはどうすればいいか。師匠は、まず自然に逆らわないことだと言う。

ゴルフのスイングでいえば、よく言われるように仕事をするのはクラブのヘッドだ。このヘッドがトップから振り子の重りのように下りてきて、最下点付近でボールに当たり、慣性の力によってフィニッシュの位置まで到達する。そんなヘッドの軌道は、**重力や遠心力などの物理の法則、つまり自然界の法則にのっとっているのだから、それに逆らわないことが大切だ**というのである。

「スイングを振り子だと考えると、支点になるのは首の付け根（背中側）です。その支点のポジションが正しい位置に固定されており、なおかつ振り子の糸にあたる腕とシャフトが自然に伸びていれば、ヘッド（重心）の軌道が大きく狂うことはありません。あとは、ヘッドの重さを感じながら、ヘッドが導いてくれる振り子の自然な動きに従えばいい」

そのためには、「ゴルファーが自分で振らない」ことが大切だとも師匠は言う。自分でクラブを振ろうとすれば、どこかに力みが生じて、ヘッドの軌道が歪《ゆが》むからだ。たとえば、ブランコを気持ちよく漕《こ》いでいるときに、誰かがタイミングを考えずにふいに背中を押したり、あるいは何かにぶつかりそうになって慌ててブランコを止めようとしたりすれば、ブランコの鎖が捩《ねじ》れたり、波打ったりして、バランスが崩れてしまう。ゴルフのスイングもこれと同じ。余分な力を入れたり、自然に加速しているヘッドを無理やり減速させようとしたりすれば、ミスショットになるのは当然というわけである。

あるゴルフ雑誌で、プロゴルファーがプロゴルファーのスイングを評して順位をつけるという記事があった。そのなかで2位になったのがローリー・マキロイだったのだが、マキロイを評価する外国人プロのコメントに「ナチュラル」という言葉がいくつかあったことに私はなるほどと思った。

ナチュラル＝自然。

「自然に任せれば、スイングは気持ちがよくなります。〝気持ちよさ〟がわかれば、あとはそんなスイングの再現性を高めればいい。自然に任せたスイングは、自然であるがゆえに、そもそも再現性が高い。だから、自《おの》ずとスイングの結果もよくなる。〝気持ちのいいスイング〟は、結果もまた〝気持ちがいい〟はずなのです。それに、〝気持ちよさ〟という基準があれば、ラウンド中に〝気持ち悪さ〟を感じたときにスイングを修正しやすくなるし、狙うことに対してますます鮮明なイメージが描けるようにもなる。つまり、〝気持ちよさ〟を原点にすれば、自ずとゴルフに必要な感性も磨かれてくるのです」

伊藤プロに、こんなレッスンを受けたことがある。ドライバーを持ってセットアップしたら、私の正面にいる伊藤プロがアイアンを逆さに持って、グリップの先を私のドライバーのヘッドに当てる。そして、始動と同時にヘッドを〝正しいバックスイングの方向〟に放り上げてもらうというレッスンである。私にはバックスイングをインサイドに引きすぎるという悪癖があり、最初は、ヘッドをものすごくアウトサイドに上げているような違和感があった。しかし、そのままスイングするといい球が出る。結果、このとき私は、初めて〝自然なスイングプレーン〟を体感することができた。そして、それまでの自分がいかに〝自然に逆らったヘッドの上げ方〟をしていたかを痛感したのだ。

自然に逆らうとロクなことがないのは、ゴルフだけでなく、これまでの人類の営みを振り返ってみれば誰もがうなずけるのではないか。人間は、300グラムしかないクラブを振る程度のことでも、自然の法則には逆らってはいけないのだ。

ただし、**〝自然に逆らわないスイング〟は、けっして〝楽チンなスイング〟という意味ではない。**というか、実際はむしろかなりきついし、身体の柔軟性も必要になる。ローリー・マキロイの〝ナチュラル〟なスイングは、強靭《きょうじん》な下半身と肩甲骨や股関節周辺の驚異的な柔軟性があって初めて可能になる。さらに、人間の骨格や筋肉、関節の動きについての理解、そしてスイングのメカニズムについての知識があったほうが、より早く〝気持ちのいいスイング〟がものにできるはずだ。

そのあたり、文章で説明するのはかなりやっかいなのだが、シングルになるためには絶対に理解しておくべき各論である。というわけで、次章からは知恵を絞りながら〝気持ちのいいスイング〟の具体的な姿を探っていくことにする。

2章
シングルとアベレージは
スイングのここが違う

“気持ちのいいスイング”をするためのセットアップとは？

ショットの成否の9割は、セットアップで決まる――前著で伊藤プロはそう断言した。
簡単におさらいしておくと、
・スタンスの向きと幅
・ボールとスタンスおよび上半身（胸）の位置関係
・クラブフェイスの向き
・上体の前傾角度、膝の曲げ具合、グリップの位置などの身体の構え
この4つが、ゴルファーがイメージした球筋を実現させるためのベストな状態にあるとき、ナイスショットはほぼ約束されるという話である。

なぜ、セットアップがよければナイスショットが約束されるのか？
それは、詰まるところ、ゴルフが止まっているボールを打つゲームだからだ。1章でスイングロボットの話をした。スイングロボットは、重い機械として固定されているためスイング軸が微動だにせず、スイングプレーンも変わりようがない。そのため、ボールの位置さえ間違え

なければ100パーセント、ナイスショットになるようにつくられている。

しかし、もしこれが野球のように飛んでくるボール、軌道が変化するボールを打たなければならないとなると、スイングロボットは完全にお手上げである。ボールの軌道を予想して、瞬時にスイング軌道をそれに合わせなければならないわけで、そんなロボットをつくろうと思えば、たぶん巨大なコンピュータが必要になる。その意味からすれば、人間は素晴らしい能力をもっているとはいえるけれど、それでもプロ野球のバッターがヒットを打つ確率は平均すれば3割にも満たない。ゴルフでいえば、10回のうち7回はミスショットで、そのなかには空振り三振だってあるのだ。

その点、ゴルフは、ロボットなら100パーセント、ナイスショットできるし、プロゴルファーなら平均すると60パーセントの確率でグリーンに乗せることができる。もちろんそうしたショットのすべてがナイスショットではないにしても、野球のバッターと比べれば、圧倒的にナイスショットの確率が高いことはいうまでもない。そして、その理由はといえば、やはりボールが止まっているからなのだ。

「止まっているボールを打つ」ことには、前著でも述べたように別な難しさがあるけれど、それはともかくとして、ここでは止まっているボールを打つゴルフというゲームでは、ロボットのように完璧なセットアップができれば、ナイスショットはほぼ約束されているということをまずは確認しておきたい。そして、逆にいえば、ミスショットするのはセットアップが間違っているのが原因というケースがひじょうに多いことも、だ。

では、ナイスショット、つまり〝気持ちのいいスイング〟をするためのセットアップとはどういうものなのか？

伊藤プロによれば、「頭と股関節と足の裏と脇、そして両目を結んだラインの5点」がポイントになるという。

「頭」とは「首の付け根」のことで、ここがスイングの支点になる。だから、スイング中は動かしてはいけない。そういうと顔の向きまで固まってしまう人がいるが、**支点はあくまで顔の真裏にある首の付け根なのだから、顔の向きが変わっても首の付け根の位置さえ変わらなければそれでかまわない。**ジャック・ニクラスの〝チンバック〟（テイクバックで顎を右に向ける動作）も、顔の向きが変わるだけで首の付け根の位置は変わっていない。

「股関節」は、スイングの動力源ともいうべき骨盤を左右に移動させて腰を回転させるときの支点になる。トップでは骨盤が右に移動して、右股関節が入り、フィニッシュでは左に移動して左股関節が入る。そこで、**セットアップでは、あらかじめ股関節を「入れて」おくことで、腰がスムーズに回転できるような準備をしておく。**片山晋呉は、アドレスに入るときクラブのシャフトを股関節に当てて、お尻を突き出すような格好をするけれど、そうすることで股関節を「入れ」、ついでにアドレスの向きもチェックしているわけだ。

さて、ここまではご存じのゴルファーも多いはずだが、問題は「足の裏」と「脇」、そして「両目を結んだライン」である。

「足の裏」が浮くとスエーする

「足の裏」は、スイングの土台になる足が地面と接触している部位だ。それだけに、ここがグラグラしていては、安定したスイングにならないことはいうまでもない。その昔、青木功の師匠だった林由郎は「スイング中は、足の指で地面をギュッとつかまえておけ」と言ったそうだが、伊藤プロのアドバイスもその延長線上にある。

それは、**セットアップでは、両足裏の外側は浮かしておく**ということ。逆にいえば、両足の内側（親指から土踏まず、踵《かかと》の内側のライン）をちょうどスキーのエッジのように立てておき、右に移動してきた体重を右足の内側で受け止めるわけだ。ただし、スキーのボーゲンのような内股になるのではない。膝は股関節が動きやすいよう、むしろガニ股気味になるよう外を向いていたほうがいい。それでも、右足の内側だけで身体を支えられるはずである。

しかし、移動してきた体重を右足の内側で受け止めることができないと、右足の内側が浮き、反対に右足の外側が地面についてしまう。そうなると、これはスエー。膝も右に流れてしまうし、右股関節にもパワーがたまらない。これではボールは飛ばせないし、スイング軌道も乱れてしまう。

ダウンスイングでは、今度は左足の親指が重要になってくる。伊藤プロいわく「**インパクト直後まで左足の親指には釘を打っておけ**」。インパクトで左足の親指が浮いたり、左足の爪先が外に流れたりすると、インパクト時のパワーを逃すことになる。これも飛距離をロスしたり、方向性が狂ったりする原因になるというわけだ。

そういえば林由郎の左足の親指には巨大なタコがあったという。一説によると、ドライバーショットのインパクト時には1トンもの衝撃があるというが、それだけの衝撃を左足の親指で受け止めるのだから、巨大なタコができるのも当然か。

とはいえ、それはあくまでインパクトの一瞬。フォロースルーの段階では左足の内側が浮くのはかまわないと伊藤プロは言う。

「体力測定のメニューに反復横跳びというのがありますが、スイング時における足の裏の使い方は、あれによく似ています。右↓左とリズムよく体重を移動させるには、足の裏を地面にべったりとつけていてはうまくいきませんからね」

バックスイングでの右足の裏の使い方を実感するためには、ドアストッパーのような形をしたものに右足を乗せてスイングしてみるという方法もある。じつは、そのための練習器具もあり（IZO「トランスファーウェッジ」）、私も一時期、よく使っていた。やってみるとおわかりのはずだが、この器具に右足を乗せると右足の外側が高くなるため、バックスイングで右に移動してきた体重を右足の内側で自然に受け止めることができる。スエーに悩む人、体重が右に乗せられない人は、一度試してみる価値があると思う。

脇は「締める」のではなく「締まる」べきもの

さて、次は「脇」についてだ。

「スイング中は脇を締めろ」「トップで右脇を開《あ》けるな」「フォローでは左脇を締めろ」。レッスン書には、たいていこんなことが書かれているし、上級者からそうアドバイスされた人も多いはずである。

たしかに脇は、腕と身体をつないでいる部分であり、スイング中、脇が必要以上に開《あ》いてしまえば、腕と上体の一体感がなくなってしまう。これではヘッドにパワーがうまく伝わらないだけでなく、スイング軌道が狂う原因にもなる。だから、「脇を締めろ」と言うアドバイスは間違いではないのだが、この言い方には落とし穴もあると伊藤プロは言う。なぜなら、「脇を締めろ」と言うと、上腕部の外側や肩に力みが生じやすいからだ。

そこで伊藤プロ流に「脇を締める」を言い換えると次のようになる。

「両肘が地面を指して、なおかつ身体のやや内側に入っている状態をスイング中キープする」。そうすると、脇は勝手に「締まる」。そう、脇は「締める」のではなく「締まる」ものなのである。

じつは、伊藤プロは、ここ数年、相撲にハマっている。彼の息子さんがわんぱく相撲に出場したのがきっかけだというが、いまでは伊藤プロ自身が相撲部屋に通ってプロの力士から相撲の手ほどきを受けたりしているというから、半端なハマり方ではない。

そんな彼によれば、相撲とゴルフにはいろんな共通点があるという。

「相撲でも脇を締めろとよく言います。これは相手に差し手を許さないためというだけでなく、脇を締めてから腰を落とすと、自然に股関節が後ろに下がり、お腹に力が入るからでもある。つまり、脇を締めることで腹筋も締まるわけで、そういう体勢ができて初めて攻めることができ、同時に守りについても相手の押しやいなしに対応できるわけです。

これはゴルフもまったく同じであるべき。バックスイングでは上体の前傾角度をキープしながら上体を捻《ひね》るわけですが、そのためには腹筋や背筋、つまり体幹《たいかん》を使うことがとても大事になる。ただし、**体幹を使うためには脇が締まっていなければならない**。脇が締まっていないと、腕が自由になって、つい手でクラブを上げようとしてしまいますからね。これでは体幹は使えず、どこか締まりのないバックスイングになってしまうのです」

脇が締まっていないバックスイング（手でクラブを上げたバックスイング）は、このほかにもオーバースイングの原因になったり、アウトサイドに上げすぎる、インサイドに引きすぎるなど、スイングプレーンが歪む原因にもなる。

レッスンを再開してしばらくたった頃、私は伊藤プロから〝トップの形〟をつくってもらったことがある。頭、股関節、足の裏、脇、体幹……セットアップについてこれまで説明したことに留意しながら、まずはクラブを持たずにゆっくりとバックスイング。次にクラブを持って同じことをやり、トップのところで停止する。そこで、プロから頭の位置や左肩の入りなどを修正してもらったわけだ。

「はい、できました」と言われたときのきつさは想像以上だった。脇を締め、腕を使わずクラブをトップまでもっていこうとすれば、どうしたって腹筋や背筋を使わざるをえない。さらに、スエーさせず、前傾角度をキープし続けるためには、右足の内側で体重を受け止め、右股関節がぐっと入った感じをキープし続ける必要がある。また、左の肩甲骨も外側にスライドさせなければならず、その可動域の大きさもポイントになる。

そうやってつくったトップは、自分でも締まっている実感があり、ｉＰａｄで撮ってもらった写真を確認すると、まるでプロゴルファーのようではないか！

ただし、その〝締まったトップ〟は30秒キープしておくのがやっと。まあ実際のスイングでは、ほんの一瞬だからなんとかなりそうだが、それでもラウンドを通して、こうした正しいトップをつくり続けるためには、体幹と下半身を強化し、さらには股関節と肩甲骨回りをやわらかくしておかなければならないことを私は痛感したのである。

両目を結んだ「ライン」で球筋が決まる

さて、正しいセットアップをつくるための最後のチェックポイントが「ライン」である。

ここでいう「ライン」とは両目を結んだ線のことで、セットアップのとき、この「ライン」をどうセットしておくかによって、球筋が決まってくると伊藤プロは言う。

いちばんわかりやすいのは、高いボールを打とうとしているときのゴルファーの目線だ。このとき、ゴルファーは誰でも左上方を見上げるはず。つまり、このときのゴルファーの両目は、左目が高く、右目が低くなっており、両目を結んだラインはイラスト①のように上向きになっている。そして、この「ライン」がインパクトのときも同じならば、狙った通りの高いボールが打てる。

また、セットアップ時に「ライン」をイラスト②のように飛球線方向に対して少しだけ斜めにセットしておくと、スイング軌道が自然にインサイドアウトになり、ドローやフックが打ちやすくなるというわけだ。

この話を聞いて、私ははたと思い当たることがあった。私には、無理やりボールを捕まえようとしてひっかけたり、捕まえ損ねてプッシュアウトしたりという悪癖がある。そんなときのダウンスイングからインパクトにかけての「ボールの見え方」が、ラインはイラスト②と同じでも、左目がかなり上になっていることに気がついたのだ。

「インパクトのときにそんなふうにボールを見ていては、ひっかけたり、プッシュアウトした

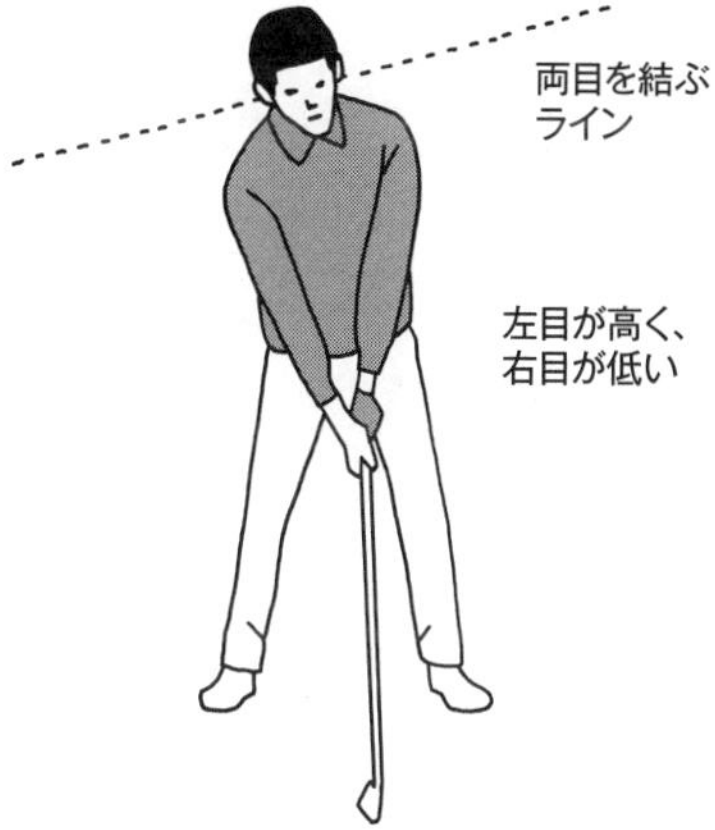

① 高いボールを打つ時

② ドローやフックを打つ時

りするのも当然です。むしろ、切り返しからダウンスイングにかけては、同じインサイドアウトのラインでも左目が下になっていたほうが、クラブが上から入ってきて、捕まったボールが打てます。**人間の身体は視覚の影響を受けて動きます。両目ラインによって肩のラインが決まり、ボールもその方向に出ていく**のです」

伊藤プロにそう言われて、「ライン」がセットアップのときはもちろん、ダウンスイングからインパクトにかけても、できるだけ飛球線と平行になるよう意識してスイングしてみた。と、なんともきれいなストレートボールが打てる。次に、苦手なフェードボールを打ってみようと、ラインがアウトサイドインになるようセットしてみると、これまたウソのように簡単にフェードボールが打てるではないか。

「ラインが大切になるのはパットも同じです。パッティングでは、左目がボールの真上にくるよう構えるのが基本ですが、その際、両目を結んだラインも自分がイメージしたパットのラインと同じ方向に向いていなければなりません。スタンスやパターのフェイスの向きをスクエアに合わせても、両目を結んだラインが斜めになっていれば、ボールはその斜めの方向に転がっていくのです」

ゴルフがターゲットスポーツである以上、視覚が出球の方向や球筋に大きな影響を与えるのは当然というべきか。前著で「ボールをよく見ろ」という教えの落とし穴について紹介したが、大切なのは「ボールをよく見る」ことではなく、「ボールをどう見るか」ということ。自分がイメージしたような球筋のボールが出ない人は、一度、セットアップ時とダウンスイングでの「ボールの見え方」をチェックしてみることをおすすめする。

自分にベストなセットアップを見つける方法

正しいトップをつくるためには、いかにセットアップが大切か、読者にも少しはわかっていただけたのではないか。

伊藤プロによれば、これまで述べてきたセットアップのポイントはすべてが連動しているため、ひとつのポイントを修正することで、連鎖的に他のポイントもよくなることが珍しくないという。肘をちょっと内側に入れただけで、お腹が締まり、股関節がグッと入る、そして身体全体が締まる――そんなケースが多いのだ。

「だから、自分なりにセットアップのチェックポイントをいくつか頭のなかに入れておいて、構えたときに〝何か気持ちがワルイ〟と思ったときは、かならずそのポイントをチェックしてみることです。そうすると、かならずいい感覚が出てくるはず。プロゴルファーだって、そういうチェックは毎日、いや一打一打やっている。何度も言いますが、セットアップに違和感があっては、絶対にナイスショットは生まれませんからね」

また、セットアップのチェックポイントがゴルファーによって一人ひとり違うように、セットアップのもうひとつの要素であるボールやグリップの位置なども、やはりゴルファーによって変わってくると伊藤プロは言う。たしかに、人間は腕の長さや脚の長さ、身体の重心位置などがみな違うのだから、すべてのゴルファーのボールやグリップの位置が同じでいいはずがない。

では、どうすれば自分にとってベストなボールやグリップの位置が見つかるのか？

「それは、自分でいろいろ試すしかないんですよ。クラブと両腕がつくる形にしても、Y字型がいいのか逆K字型がいいのかはゴルファーによって違う。ボールの位置もしかり。自分にとって気持ちがよく、ナイスショットの再現性が高いものを試行錯誤しながら見つけるしかないのです」

ただ、そのやり方にはちょっとしたコツがあると伊藤プロは言う。たとえば、**自分にとってベストなボールの位置を見つけようとするときは、ボールを極端なほど前後左右に置いて打ってみる**のだ。

そうすると、たとえばこれまでボールを真ん中にセットしたつもりで打っていた人が、右足の前にセットしてみたところナイスショットを連発、なんてことがある。しかし、この場合のタネ明かしをすると、それまで正しいと思っていた「真ん中」がじつはかなり左寄りで、当人には「右足の前」に見えたものがじつはほんとうの「真ん中」だったということ。正しい位置にボールを置いたのだから、ナイスショットを連発するのも当然というわけだ。

もちろん、こうした〝極端なセットアップ〟は、最初はかなりの違和感があるはずだ。実際、伊藤プロから見れば素晴らしいセットアップでも、当人は〝気持ちがワルイ〟と感じている場合もある。しかし、伊藤プロが「OK、すごくいい」と褒め、「いいからそのまま打ってみて」となって、言われたままスイングすると、結果はナイスショットの連発。すると、当人はたちまち「気持ちがいい」と感じるようになるというのだから、アマチュアゴルファーの感じている「気持ちのワルサ」と「気持ちのよさ」は、かなりいい加減だとはいえる。要は、慣れていないから気持ちがワルイというだけの話。しかし、その気持ちワルサにこだわっている限り、いつまでたってもスイングはよくならないのだ。

「レッスン書には、ボールの位置は真ん中とか、左踵線上とか、いろいろ書かれていますが、**そういう常識を一度全部取っ払って、極端なことをやってみること**です。そうすると、自分にとっての正しいボールの位置がわかるというだけでなく、いろんな発見があるはずです。たとえば、ボールを極端に左に置いて打ってみると、想像していたより低い、理想的な弾道のスピンの利いたボールが出るとか、ボールの位置を変えるだけで、いろんな球筋が打ち分けられることに気づいたりもするでしょう。とにかく練習場では、ボールの位置だけでなく、グリップの握り方やスタンスの向きなど、常識にとらわれないでいろいろ試してみることです」

前に、3番アイアン一本でゴルフを覚えたセベ・バレステロスの話を紹介したけれど、彼が常識では考えられないようなショットを打てたのは、常識にとらわれない練習、いわば〝非常識な練習〟をしていたからではなかったか。彼がゴルフを覚えた頃のスペインは、アメリカはもちろん、日本と比べても明らかにゴルフ後進国で、彼のまわりにはろくなコーチもいなかったはずだ。しかし、だからこそ彼は非常識な練習ができたのではないか。

私たちだって、実際のコースに出れば、障害物やライのせいで〝曲打ち〟に近いようなショットを打たなければならないことがある。〝非常識な練習〟は、そんなときにもきっと役立ってくれる。

それに〝非常識な練習〟は、やっていて面白い。いわゆる遊び心が満たされる。ゴルフの感性とは、案外そういうところで磨かれるものなのだ。

「力は脇から下」「力みは脇から上」に生じる

セットアップが正しければ、ナイスショットはほぼ約束されたようなものだが、「ほぼ」といったのには理由がある。どんなにセットアップが正しくても、ナイスショットできないこともある。その最大の理由は「力み」。セットアップがよくても、スイング中に力んでしまえば、それまでの努力が水泡に帰してしまうのである。

なぜ力むのかといえば、これはもう「飛ばしたい」という思いが強すぎるからとしか言いようがない。シングルはもちろんアベレージゴルファーだって、「力んでは飛ばない」ことは知っている。しかし、知っていても、つい力んでしまうのがアマチュアの悲しさなのだ。

そこで、「もっと力を抜いて」というアドバイスが出てくるのだが、伊藤プロによれば、「力を入れなければボールなんて飛びっこない」という。

力んではいけないし、力を入れないとボールは飛ばない……。「いったいどうしろというのか！」と文句のひとつも言いたくなるところだが、そのココロはこうである。

「気をつけをしている人に『力を抜いてください』と言えば、フッと息を吐きながら両肩を下げ、もし手のひらを握りしめていたら、手もラクにするはずです。しかし、力を抜くのはそこまでで、それ以上力を抜いてしまっては、人間はガクッと首が折れ、ヘナヘナと座り込むしかありません。逆にいえば、力を抜いて立っているつもりでも、腹筋や背筋、足腰の筋肉などはちゃんと使っているのです。

ゴルフのスイングもこれと同じです。肩の力は抜かなくてはダメですが、腹筋や背筋、足腰の筋肉はしっかり使わなければならない。ボールを飛ばすためには、身体が速く回転しなければなりませんが、そのためにはこれらの筋肉が効率よく、かつ連繫しながら動く必要がある。

これが『力を入れる』という意味です。さらに、クラブが振られることで発生する遠心力に耐え、軸がブレないようにするためには、身体のさまざまな部位で〝我慢〟や〝締まり〟が必要になる。力はそのためにも必要。つまり、力を入れないと、身体も回転しないし、回転したとしても軸がブレてしまうのです」

この力の抜きどころ、入れどころをひと言でいうと、次のようになる。

「力は脇から下、力みは脇から上」

脇から下には力を入れておかないとボールは飛ばない。しかし、脇から上に力を入れてしまうとそれは力みになり、かえって飛距離が落ちたり、ボールが曲がったりする原因になるというわけだ。

「エージシュートをやるようなゴルファーは、ほんとうにいま自分がもっている脇から下の筋肉を上手に使っています。そして、クラブの使い方もうまい。やわらかくて軽いシャフトの〝しなり戻り〟をじつに効率よく利用している。エージシュートを達成するような人は、まちがいなくシングルですが、そういう人はスイングの何たるかを知っているのです」

その点、**アベレージゴルファーは、「脇から下」の力の入れ方を知らず、腹筋も背筋も使っていないから、クラブを振ろうとすれば、どうしたって手や腕を使わざるをえなくなる。**これが「手打ち」の最大の理由だと伊藤プロは言う。

「手打ちをしている人は一度、練習場のボールカゴにボールをたくさん入れ、それを両手で持ってスイングしてみてほしい。ボールカゴを振り子のようにスイングさせるには、手や腕の力じゃなくて、腹筋や背筋、そして足腰を使わないとうまくいかないことがよ〜くわかるはず。スイングもこれと同じなのです」

シングルのトップの位置が安定している理由

アマチュアには、トップの位置を気にする人がひじょうに多い。練習場で見ていても、鏡の前でトップをつくって、その位置を確かめている人、鏡がなくてもスイングをトップで止めたら、振り返ってその位置を確認している人など、おおぜいのゴルファーが自分にとっての正しいトップの位置を探し求めている。

なるほど、プロゴルファーのスイングをスロービデオで再現すると、コントロールショットは別にすると、みなトップの位置が変わらない。トップの位置が決まれば、あとは身体の回転とともにクラブを下ろしてくるだけだと思っている人が多いから、トップの位置が気になるのだろう。しかし、そういう人に限って、トップの位置をあでもない、こうでもないと自在に変えられるのはどうしてなのか。

「それは、結局、手でクラブを上げているからです。手でクラブを上げれば、トップの位置なんかどこにでも持っていけますから。しかし手で上げたものは、手で下ろしてくるしかない。つまり手打ちにならざるをえないのです」

私がそのことをつくづくわかったのが、右手一本で連続素振りをするというドリルだった。右手だけでウェッジを持って、気持ちよく素振りをくり返す。コツは右脇を開けないこと。そうすることでクラブと身体の一体感が出てくる。

「いいリズムですよ。脇も締まっているし、フットワークもいい」

と伊藤プロにおだてられたせいもあって、こちらもだんだん気持ちがよくなってくる。

さらに何回か素振りをくり返すと、

「はい、次はトップにきたところで止めてください」と伊藤プロ。

言われた通り、トップで止める。

「いいですねぇ。右股関節も入っているし、肩も入っている。目線も最高」と、また褒められる。ますます気分がよくなる私。以前、伊藤プロにつくってもらったトップの感じがよみがえってくる。

「じゃ、トップの位置はそのままで、そこに左手をもってきて、ふつうのグリップにしてみてください」

「了解」

……き、きつい。右手だけでつくったトップに左手を添えるためには、左の肩をもっと入れ、さらに左の肩甲骨も外側にスライドさせないと、左手が届かないのだ。なんとか左手を添えて両手でトップをつくった私だったが、そのきつさは以前トップをつくってもらったときと同じ。ちょっと練習をさぼっているうちに、私はあのときのきつさを忘れてしまっていたのである。

「締まりのあるいいトップです。もし、これがもっと右脇が開いていれば、全然きつさを感じることなく左手を添えることができますが、それは緩んだトップ。完全にパワーをロスしてしまいます」

こうして完成した私のトップは、せいぜい右肩の高さにいくかいかないかというところ。これまでのトップよりずっと低く、窮屈な感じさえした。そういえば、プロにトップをつくってもらったときもこんな感じだったっけ。

あのときはトップの形をつくってもらっただけだったが、今回は、右脇の締まりと左肩の入りを意識しながら、ふつうにクラブを握って素振りをしてみた。と、これがけっこう気持ちがいいのである。

たしかに、これまでのように「クラブを振っている」という感覚は希薄で、その意味では肉体的な満足感＝身体を十分に使い切ったという充実感は乏しいのだが、伊藤プロが言うように、トップで「締まった感じ」がある。それまでの私は、トップで「伸びきった感じ」があり、高い位置から一気にクラブを振り下ろすことで飛ばしてやろうとしていた。私はそういうスイングを長年にわたって〝豪快なスイング〟だと勘違いしていたわけだが、それとは真逆なのだ。

次に実際にボールを打ってみる。すると、やはり「飛ばしたい」という意識が邪魔するのか、最初のうちは以前のようにクラブを大きく振り上げようとして、右脇が開きそうになってしまう。

そこを我慢して、さらに何発か打つ。まだ、締まりを感じるより、クラブを十分に振っていないという不満のほうが大きく、なかなか違和感は解消しない。

さらに我慢して何発か打つ。すると、クラブを振るということに対して物足りなさは残っているものの、それとは裏腹にだんだんいいボールが出てくる。

人間とは現金なもので、いいボールが出るようになってくると、「この締まり感がいいのだ」と自分で納得できるようになってくる。

かくしてこの日のレッスンは、私にとって、コンパクトなトップのよさを実感した記念すべき日になった。

というわけで、話を元に戻すと、トップの位置というのは、本来あれこれ変えられるものではないのだ。バックスイングで上体を捻転させれば、誰でももうこれ以上捻れないという限界点がある。そのとき、右脇が上体から離れていなければ、必然的にそのときの両手の位置がトップになる。それ以上、トップを高くするためには、上体をもっと捻るしかないが、それには、ローリー・マキロイのような柔軟性、身体を十分に捻っても軸がブレない体幹と足腰の筋力が必要だということである。

ゴルファーには、**それぞれ身体の柔軟性や筋力に応じたトップがある。シングルはそのことを知っているから、無理のない、しかし締まったトップがつくれる。**

トップの低いコンパクトなバックスイングでも、十分に飛ぶのは、アメリカのシニアプロを見ているとよくわかる。そういえば、私も55歳。十二分にシニアなわけで、範とすべきは、マキロイではなく、そういうシニアたちなのである。

スイング時の腕と身体の動きが実感できるふたつのドリル

セットアップはOK、締まりのあるトップもできた。あとは、身体を回転させながらクラブを下ろしてくるだけ――そんなふうに思っているゴルファーが多いはずだ。

しかし、じつはここからがプロとアマのスイングではもっとも違うところ。ダウンスイングはただクラブを下ろしてくるのではない。あえていえば、**下半身を使って、クラブを肘から引きずり下ろしている**のだ。

私がそのことを実感したのは、伊藤プロから次のようなレッスンを受けたときだった。クラブを持たずにトップをつくる。そこで伊藤プロに私の手首のあたりを持ってもらい、イチ、ニのサンで、私の手首を真下に勢いよく下ろしてもらう。そして、私は腕を振り下ろすタイミングに合わせて、左足の上で素早く身体を回転させるというドリルだ。

最初はタイミングが合わずに、両腕を振り下ろす動作と身体を回転させる動作がまったく連動しなかった。伊藤プロが私の手を真下に落とすスピードが速すぎて、身体の回転が遅れてしまうのである。実際のショットでいえば、大ダフリだろう。しかし、何回かやってもらううちに、腕を下ろすスピードに慣れてきて、タイミングよく身体が回転できるようになってくる。すると、自分はそうとは意識していないのに、自然にフィニッシュの姿勢までとれるようになるのだ。

「これが、腕（クラブ）は縦に動き、身体は回転するというスイングの本質なのです。クラブはたしかに『上げたら下ろす』だけですが、ゆっくり下ろしていては、ボールは飛ばない。トップからは肘を自分の身体に引きつけるようなつもりで勢いよく下ろしてきて、同時に身体を回転させる。すると、その勢いで自然にフィニッシュがとれるのです」

じつは、このドリルを自分一人でやる方法がある。前著で紹介した「餅つきショット」がそれだ。やり方は、「**伊藤正治の〝ひらめきゴルフ塾〟ブログ（『餅つきショット』http://ameblo.jp/hiramekigolf/archive1-2011112.html）**」を見ていただきたい。

2回上下に振り下ろしてから
ボールを打つ

「餅つきショット」

http://ameblo.jp/hiramekigolf/archive1-201112.html

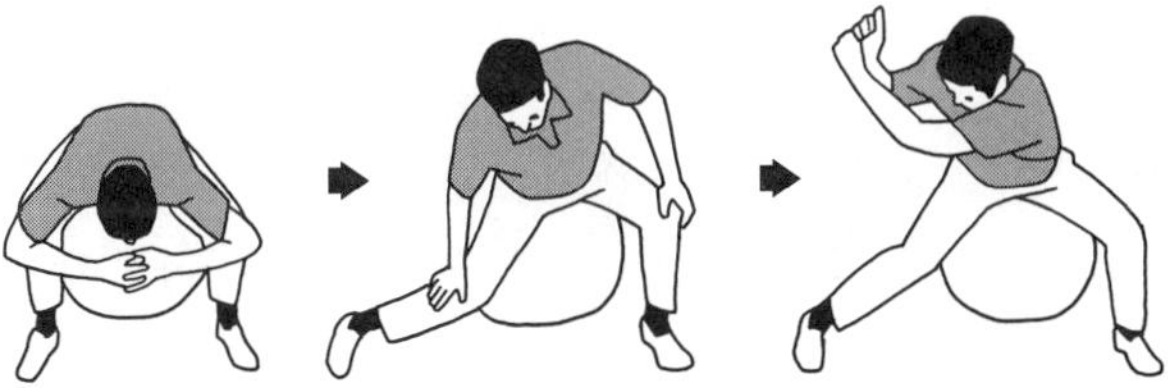

座って

右足内転筋で
ボールを包み込む

クラブを持った
つもりでスイング

「バランスボールトレーニング」 http://ameblo.jp/hiramekigolf/archive1-201111.html

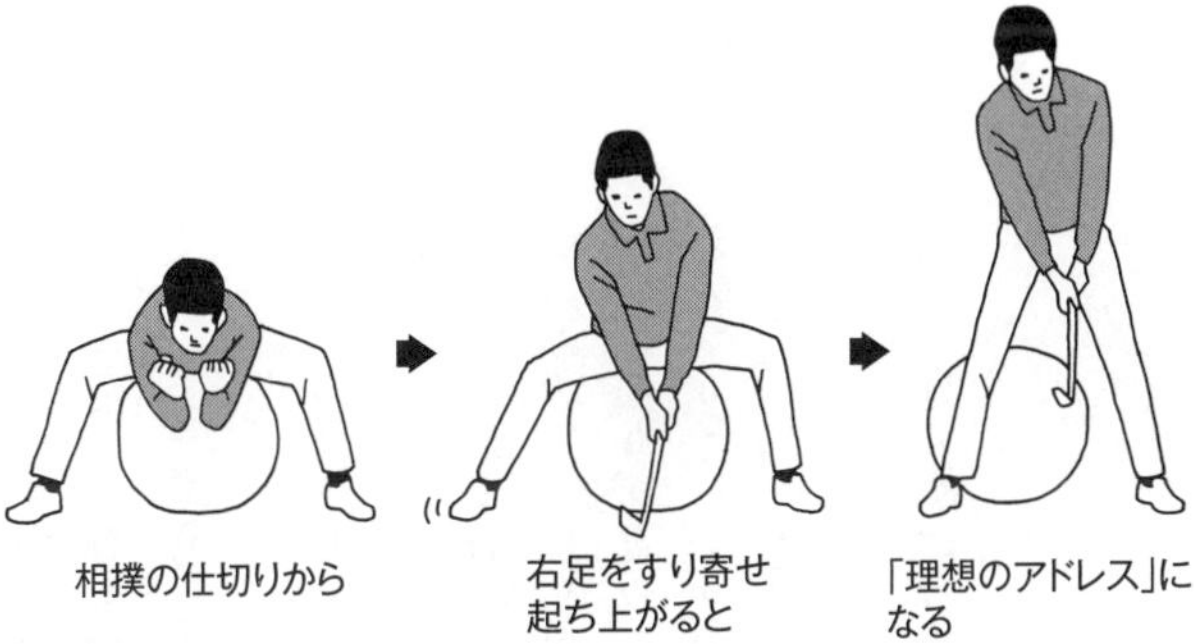

相撲の仕切りから

右足をすり寄せ
起ち上がると

「理想のアドレス」に
なる

「動画特集」 http://ameblo.jp/hiramekigolf/day-20120110.html

もうひとつ、スイング時の身体の動きがじつによく実感できるドリルも紹介しておこう。直径75センチくらい（60～80センチでいい）のバランスボールを使ったドリルで、これも伊藤プロのブログに動画がアップされている（**「バランスボールトレーニング」http://ameblo.jp/hiramekigolf/archive1-201111.html**）。

やり方は、この動画のなかで伊藤プロ自身が丁寧に解説している。やってみればおわかりのように、じつにきついドリルである。10回もやれば、冬でも汗が吹き出してくる。

伊藤プロによれば、このドリルの動きのなかに、スイングのすべての要素が含まれているという。バランスボールに座ってつくったアドレス。そこから横綱の土俵入りのように右足を少しずつ左にすり寄せてふつうのスタンス幅に戻すと、自然にアドレスの形になり、それこそが理想的なアドレスの姿勢になる。さらに、バランスボールに座ったままのフィニッシュの姿勢から、やはり右足を左にすり寄せていけば、これまた理想的なフィニッシュの姿勢になる（**「動画特集」http://ameblo.jp/hiramekigolf/day-20120119.html**）。つまり、このドリルは、バランスボールに座ってスイングすることで、スイングでとくに重要な下半身の使い方が問答無用という感じで理解できてしまうのだ。

スイングの真実がわかる「灰皿ドリル」のすすめ

「スイングというのは、脇から下の表現なんです」

ある日のレッスンで伊藤プロはこう言った。

「だから、ほんとうのスイングをマスターするためには、脇から下の身体の動きを覚えなければならない。ところが、ほとんどのアベレージゴルファーは、身体の動かし方を知らないから、結局、手でクラブを振らざるをえなくなる。そういうゴルファーとプロでは、根本からしてやっていることが違うのです」

ゴルフが面白いというか、誤解されてしまうのは、手でクラブを振っていても、ときにはナイスショットが出てしまうからだろう。そこで「これでいいのだ」と思ってしまうと、なかなか軌道修正はできなくなる。なぜなら、手打ちのスイングは楽チンだから。楽チンなうえに、当たるときは当たるのだから、あとは練習して、手打ちでもナイスショットの確率が高くなるよう努力すればいいと考えてしまうのである。

もっとも、本人には手打ちをしているつもりも、ラクに振っているつもりもない。それどころか渾身の力を込めてクラブを振っているつもりでいる。しかし、手で打っている限り、ますます「下手が固まる」だけ。ナイスショットが出るかどうかは、「打ってみなければわからない」というゴルフが半永久的に続くのである。

しかし、ここまで紹介してきたようなドリルを続けることで、「脇から下」でクラブが振れるようになれば、ナイスショットの確率は確実に高まる。なぜなら、腕とクラブは「脇から下」の動きについてくるだけだから、スイングのたびに軌道が変わるということがない。いつも同じようにヘッドが下りてくれれば、同じようにボールに当たり、同じように飛んでいく。じつにゴルフがシンプルになるのだ。

「グリップが正しければ、スイング中、ヘッドがどこにあるかもわかります。ヘッドはつねに左手の親指の先にありますから、親指の角度がちょっと変われば、『あ、いまちょっとヘッドが被《かぶ》った』とか『開いた』ということがすぐわかる。それによって、とっさにミスショットの曲がり具合を減らしたり、最初からヘッドの向きを調整しておいて、わざとボールを曲げたりすることもできます」

まあこれはシングルというより、もはやプロレベルの感覚かもしれないが、スイングを究めれば、それくらいクラブと手↓腕↓身体が一体化するということなのだろう。

「ヘッドのありかがわかるかどうかはともかくとして、まずは身体の動きを覚えることです。そのためには、手を使わないシャドースイングがおすすめです」

そう言って伊藤プロが実演して見せてくれたのは、両腕を胸の前で交差させた状態でのシャドースイングだった（「動画特集」http://ameblo.jp/hiramekigolf/day-20120119.html）。

高いボールを打つとき、低いボールを打つとき、フックやスライスを打つとき、いろんなシャドースイングを見せてくれたが、そのいずれもが、手や腕を使っていないというのに、こちらにもちゃんとイメージが伝わってくる。

手を使わないシャドースイングのメリットは、手を使わないがために、意識が完全に「脇から下」に向かうことだ。とくに「バランスボール・ドリル」で紹介した下半身の使い方がよ～く理解できる。

もうひとつ、伊藤プロがすすめるのが次ページのイラストにある「灰皿ドリル」だ（「動画特集」http://ameblo.jp/hiramekigolf/day-20120119.html）。

シャドースイング（ストレート）

テイクバックから
フィニッシュ
打つボールによってシャドースイングの形も変わる
「動画特集」http://ameblo.jp/hiramekigolf/day-20120119.html

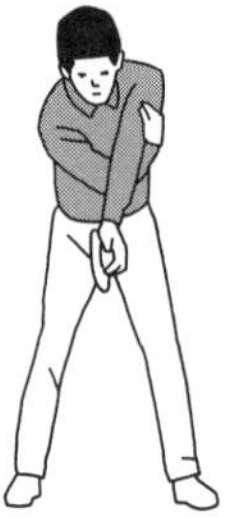

アドレス

「灰皿ドリル」

灰皿の飛び出た部分を持ち
地面と垂直に

右手で左腕をロックする

「動画特集」

http://ameblo.jp/hiramekigolf/
day-20120119.html

①バックスイング　②トップ　③ダウン

灰皿の裏側を正面に向ける

④インパクト　⑤フォロー　⑥フィニッシュ

使用する灰皿は、動画にあるようにアルミ製のカンカン帽子のような形のものがいい。

まず左手で灰皿の底の部分を持ったら、肩のストレッチの要領で、右腕で左の肘のあたりを押さえて、左腕をロックする。こうすると、左脇は必然的に締まり、左腕を勝手に動かすことができなくなる。

その状態で上半身を前傾させ、アドレスの姿勢をとったら、灰皿の面がクラブフェイスだと思ってスクエアになるよう構える。

あとは、左腕をロックしたままの状態でシャドースイングをする。

こうすると、バックスイングで左腕が水平になったとき、トップ、ダウンスイングで左腕が地面と水平になったとき、インパクト、フォローで左腕が地面と水平になったとき、そしてフィニッシュの6つのポイントで、灰皿の向き（クラブフェイスの向き）が正しいかどうかが確認できる。

6つのポイントにおける灰皿の正しい向きは、動画とイラストで確認してほしい。

実際にやってみるとおわかりのはずだが、各ポイントで静止して、灰皿をクラブに持ち替えてみると、なるほどこれがクラブの正しい軌道なのだということがよくわかる。私は伊藤プロに手伝ってもらいながらやってみたが（灰皿をクラブに持ち替えるのは一人ではやりづらいので、誰かに手伝ってもらうといい）、インパクトからフィニッシュにかけての左手の動きがこのとき初めて理解できた。

たしかにこれもかなりきついドリルだ。しかし、きついけれど、手打ちではないスイングとはどういうものか、そして、そういうスイングのときは身体のどこに負荷がかかり、関節がどのように動くのかがよくわかるはずである。

「灰皿ドリル」がきちんとできれば、それだけですぐにハンデ7～8にはなれると伊藤プロは言う。読者よ、ぜひ挑戦していただきたい。

3章 シングルへの道は、ショートゲームで決まる

アプローチ上達の極意は〝真似〟にあり

ひと口にシングルゴルファーといっても、さまざまなタイプがいる。飛ばし屋もいれば、アイアンの切れ味が抜群という人、あるいはホームコースの先輩UさんのようにFWをまるでウェッジのように操る人などなど、まさに十人十色だが、すべてのシングルゴルファーに共通することがひとつある。

それは、ショートゲーム、つまりアプローチとパターのうまさだ。もちろん、そのうまさにはグラデーションがあって、ホントはパターだけは苦手な人、バンカーショットがアベレージ並な人など、厳密に言い出すと、諸手を上げてシングルはみなアプローチとパターがうまいとは言えなくなるのだが、それでもトータルで見れば、やはりアベレージゴルファーよりうまいことは間違いがない。

それも当然の話で、シングルとはいえ、そのパーオン率は50パーセント以下という人が圧倒的に多い。それでも、彼らがシングル、つまり平均すると81以下のスコアで回ってこられるのは、アプローチとパットがうまいからにほかならない。アプローチとパットが並以下で、それでもシングルという人は、よほど長いクラブが上手なのだろうが、私は寡聞にして、そういうシングルの話を聞いたことがない。

シングルはアベレージゴルファーより、スコアメイクのためにはショートゲームが大切であることをよく知っている。実際、私のまわりのシングルを見ても、私と同い年の柿さんは飛ばし屋のくせに（？）、練習の3分の2は100ヤード以下のアプローチに当てているという。それも練習場の人工芝の上だと甘くなるからと、足場に敷いてあるゴムマットの上から打ったり、人工芝から打つときもショットマーク（打球痕がわかるスプレー式の用具）を人工芝に吹きつけてダフリ加減をチェックしたりしているというから、なるほど彼のアプローチはスピンが利いて寄るわけである。

彼以外にも、ラウンド後、ホームコースのアプローチ練習場で暗くなるまでピッチショットの練習をしている全国区レベルの女性ゴルファーもいれば、アプローチの練習をするためだけにコースにやってくるFさんもいる。歴代クラチャンのひとりでもあるFさんの言うことには、「おれにはこれしかないから」。たしかに、彼のドライバーの飛距離は230～240ヤードというところ。7155ヤードという長いコースでクラチャンを取るためには、「これ」＝アプローチを磨くしかないというのもよくわかるのである。

というわけで、アベレージゴルファーがシングルを目指すためにはアプローチの上達が必須条件といえるのだが、では、どうすればアプローチがうまくなるのか？　我が師匠はズバリこう断言する。

「うまい人の真似をすることです。そして、できるだけ実際の芝の上から打つこと。レッスン書を読むのだけは絶対にやめたほうがいい」

うまい人の真似をすることや芝から打つことはわかるとして、なぜ、アプローチに関してはレッスン書を読んではいけないのか。結論を先にいうと、アプローチで大切なのは「打ち方」ではなく、「イメージ」だからだ。

「アプローチには、傾斜やライ、キャリーとランの割合など、無限といっていいほどのシチュエーションがあります。たしかにレッスン書には、『SWなら、キャリーとランが2：1の割合』とか、『左足下がりでは左足体重でオープンに構える』とか、クラブ別・状況別のいろんな『打ち方』が書いてあり、それはけっして間違いではありません。しかし、実際の場面では、そういう『打ち方』を考えたとたんに身体が動かなくなる。**いちばん大切なのは、どこにボールを落として、どれくらい転がればカップに寄るのかという『イメージ』**です。そのイメージができたら、あとはクラブヘッドがどういう動きをすれば、イメージ通りのボールが出るかをこれまたイメージする。アプローチは、あくまで『こんな感じ』という、イメージの世界なんですよ」

で、そういうイメージの素《もと》になるのが、うまい人のアプローチだというのだ。

「私はバンカーショットには自信がありますが、それだって現役時代に青木功さんとか陳志忠さんのバンカーショットを見ていて、ある日わかったんです。青木さんなんて、『シュッとヘッド入れて、パンと打ちゃいい。つまりシュッパンだよ』っていう人ですけど、その〝感じ〟がある日わかってからは、バンカーショットに関しては今日まで一度も悩んだことがない」

なんだか長嶋茂雄の世界と相通じるものがありそうだが、「真似る」ということについては、なるほどタイガー・ウッズや石川遼のドライバーショットは真似たくても真似られないが、アプローチなら私たちアマチュアにも真似られるのではないかと思えてくる。なんとなれば、アプローチには基本的に力はいらないからだ。

そういえば、日本女子プロゴルフ協会が主催する2011年のQT（ファイナル）を通算12アンダーで1位通過した原江里菜が、LPGAのホームページにこんなコメントを残している。

「9月頃からアプローチがうまい人の映像を見るようになって、イメージというか、意識の改善をしました。ふだんは映像を見たりしないのですが、この打ち方が正しいとコーチに言われ、納得しました」

原江里菜といえば、2008年にはNEC軽井沢72ゴルフトーナメントで優勝したこともある若手のホープだが、2010年はシード権を失うほどアプローチに悩んでいたという。それが、「うまい人の映像を見るようになって」アプローチがよくなり、見事に復活したというのだから、あなたも彼女のやり方をそれこそ真似してみてはどうか。

「アプローチがうまくなりたかったら、トーナメント会場に足を運んで、プロのアプローチを練習場からコースまでずっと見続けることです。テレビではライの微妙さがわからなかったり、選手がアドレスに入るまでのシーンは映らなかったりしますが、生で見ていれば全部わかる。どんな練習より間違いなく効果があります」

ＪＧＴＯは毎年、選手たちの平均ストロークや平均パット数などの記録をとっているが、そのなかに「リカバリー率」というのがある。これは「パーオンしないホールでパーかそれよりよいスコアを獲得する率」で、要するにアプローチのうまさを端的に示す数字といっていい。その「リカバリー率」で、ここ数年、つねに上位にいるのが藤田寛之、平塚哲二、金庚泰といった選手たちだ（詳しくはＪＧＴＯのホームページを参照されたい）。今度、トーナメントを生で見る機会があれば、彼らのアプローチをじっくり観察してみてはいかがだろう。

アプローチは〝芯〟で打て

前著で、我が師匠はパッティングの3原則のひとつとして、「芯で打て、なおかつそれが察知できている」をあげた。

じつは、アプローチの原則もこれと同じだと師匠は言う。アプローチというと、やれ「ヘッドを返さない」だの「左体重をキープせよ」だの、打ち方ばかりが云々されるが、「イメージ」

の次に大切なのが、「クラブヘッドの芯でボールをとらえること」だというのだ。

「SWでもPWでも、芯を外して打ったボールは、当たり負けして思ったようなキャリーが出なかったり、方向性が悪くなる。いちばんわかりやすい例がヘッドの根元に当たるシャンクですね。さらに、芯を外すとしっかりしたスピンがかからないから、ボールも止まらない。パターは芯で打ってこそ距離感が出せるものですが、アプローチもまったく同じです」

たしかに、アプローチのうまいゴルファーのウェッジを見ると、たいていフェイスの真ん中、つまり芯のところだけメッキが剝《は》げている。これは、彼らがボールをつねにヘッドの芯で捕らえていることの何よりの証拠だろう。

「アプローチが悪くなると、ヘッドの先でボールをとらえることが多くなる。また、ラフから打つと、フェイスの上っ面に当たって思ったような距離が出ないこともある。ライを見て、ヘッドをどう入れて、どう抜けば、ヘッドの芯に当たって、イメージ通りのボールが出るのかをイメージする。あとは、小手先の動きに頼らないで、身体をスムーズに動かすことができればOK。**アプローチがうまくなるためには、構えやボールの位置、ヘッドの入れ方をあれこれ変えながら、いちばん再現性の高い打ち方を自分で見つける努力が絶対に必要。**そういう過程を踏むことなく、レッスン書に書いてあることをそのままやろうと思っても、付け焼き刃で終わるだけです」

アプローチをヘッドの芯で打つ練習は、あえて芯を外して打つための練習にもなる。冬の枯れ芝では、プロでもチャックリやりやすい。こんなとき、ウェッジのヒール部分を浮かして、トウでボールを打つという技があるのだが、これもふだんからヘッドの芯でボールを捕らえる練習をしていれば、ヘッドをセットする位置を少し変えるだけで簡単にできる。

あるいは、グリーンからボールがこぼれたような場合、ボールの後ろにボール半分くらいの高さの芝がかかってしまうこともよくある。こんなときは、SWの歯で打つという技があるのだが、これもヘッドの芯がフェイスの歯になるだけのことで、あとはパターと同じようにストロークすればいい。

クラブフェイスのどこにボールが当たったかをチェックするには、先に紹介したショットマークを使うのもいい。アプローチ上達を願うゴルファーは、一度使ってみてはいかがだろう。

自信がもてるアプローチの〝型〟をひとつつくる

「イップス」といえば、パッティングのときに手が思うように動かない〝病気〟のこと。この病気にかかったゴルファーのなかには、50センチの、ふつうならOKが出そうな距離を5メートルもオーバーさせてしまうこともあるというから、なんとも恐ろしい。実際、イップスにかかって引退を余儀なくされたプロゴルファーは何人もいると伊藤プロは言う。

そのイップス、じつはアプローチにもある。

「何の変哲もないピッチエンドランが打てなくなるのです。構えたときから、チャックリやトップなど、ミスのイメージしか出てこなくなる。すると、ボールを打つのが怖くなるから、どうしてもスイングが速くなる。これは怖いものから早く逃げだしたいという〝反射〟で、そうなると、いよいよ悪い予感通りにチャックリやトップが出てしまう」

きっかけは、それまで何の問題もなかったアプローチでミスが何回か続いたような場合、その原因をあれこれ考え始めること。そこですぐに問題点が見つかり、そこを修正することでミスしなくなればそれでいいのだが、問題点が見つからなかったり、見つけたつもりでもまだミスが続いたりするようだと、ゴルファーはますます考え込むようになる。ゴルフは考えてもすぐに答えが見つからないことが多い。かくして、そのゴルファーは、しだいにドロ沼へとはまっていく。そして、最後は、ラフからでもパターでしか打てなくなってしまうというのだ。

考えてみれば、アプローチもパター同様、繊細さが要求される。ある意味、技術以上にメンタルが左右する世界なのだ。アプローチイップスにかかるゴルファーは、アマよりプロに多いというが、それは彼らの生活が1打の違いによって変わってくることを思えば当然かもしれない。

「SWが打てなくなり、9番アイアン↓7番アイアンとクラブを変えていくうちに、とうとう最後は4番アイアンまでいってしまったというプロもいます。それくらいアプローチというのは、迷い出すと深みにはまってしまう」

まあ私のようなヘボでも、ボールのライが逆目だったりすると、イヤ〜な感じになり、そのイヤ〜な感じが払拭できないままスイングすると、50パーセント、いや80パーセントくらいの確率でミスをしてしまう。さらに、そういう〝負の遺産〟が積み重なってくると、次回、また同じようなライからアプローチをしなければならなくなったとき、過去のミスショットが次々に思い出されて、またもやミスということも少なくない。まさに〝悪魔のスパイラル〟といっていい。

この悪循環を断ち切るには、打ち方を工夫するなりして〝負の遺産〟を少しずつ〝正の遺産〟に変えていき、最終的には「このライでも大丈夫」という自信をもつしかない。あとは、ミスしても殺されるわけではないと開き直るか。

もうひとつの対処法は、難しいライからのアプローチはミスしてもしょうがないと覚悟し、そのかわり、簡単なライからのアプローチだけはミスしないという、自信のある〝型〟を身につけるということである。

実際のラウンドでのアプローチの回数をパーオンしなかった回数だとすれば、アベレージクラスで14〜15回、シングルでも10回はあるはずだ。リカバリー率は、プロでも平均すれば60パーセント弱なのだから、アベレージなら3回に1回、シングルなら2回に1回は寄せワンできるようなアプローチの〝型〟を身につけるのだ。

その〝型〟は、もっともオーソドックスなピッチエンドランでいい。

「30ヤードまでのアプローチなら、その6～7割くらいはピッチエンドランで寄せられるはずです。残りの3～4割が、スピンをかけなければならなかったり、ロブショットのようにフワッと上げなければならないような難しいアプローチになる。しかし、そういう技術をマスターするのは後回しにして、とにかくピッチエンドランなら、1ピン以内には寄せられる距離感を身につけることです。これが1クラブ以内となると、とたんにアプローチは難しくなって、かえって寄らなくなる。ロフトなりの高さのボールで、どれくらいキャリーさせると、どれくらい転がるか。それをＳＷ、ＡＷ、ＰＷごとに何十球、何百球と打って、身体で覚えてしまう。打ち方はみな同じでいい。というか、変えてはいけない。打ち方を変えると、ますますアプローチが難しくなるだけです」

もうひとつ、伊藤プロが**シングルになるために絶対に欠かせないというのが〝定規ショット〟**だ。伊藤プロの場合、ＳＷで左腕が地面に平行になるまでバックスイングして、そこからパンチを入れるでもなく、緩めるのでもなく、スッと身体を回してスイングすると、55ヤードのキャリーが出るという。これが40～80ヤードくらいまでのアプローチの基準になるという意味で〝定規ショット〟というわけだが、たしかにそういう基準があれば、50ヤードならこのくらい、60ヤードならこのくらいという〝感じ〟がイメージできる。

「ただし、意識としては手や腕は使わないこと。ゴルフボールを手に持って、手首を使ったり、腕を振ったりせずに、身体の動きでそのボールを2メートル先、3メートル先、4メートル先に投げ分ける感じ。具体的には、**右肘を身体の内側に入れておいたまま、身体の回転だけで距離を調節する**。実際のスイングでも、その感覚はまったく同じでいい」

伊藤プロはシャドースイングで30ヤード、40ヤード、50ヤードのアプローチを実演してくれた。その〝感じ〟、私にはぴったりピンに寄っているように見えた。

グーグルアースを使った「1ヤード刻み」練習術

ロングゲームでは方向性、ショートゲームでは距離感が大切だとよくいわれる。

ドライバーやスプーンなど長いクラブは距離を欲張って曲げるより、距離は少しくらい短くなっても曲がらないほうがいい。つまり方向性が大事。反対に、ショートゲームではボールが曲がることとも、ボールを曲げる必要もめったにない。そのかわり、ピンを狙うショットだけに、狙った距離が正確に打てる距離感が大切という意味である。

その距離感、100ヤード以内というのであれば、プロならすべてバーディーチャンスにつけたいところだろう。そのためには、5ヤード刻みで距離を打ち分ける技術が必要で、実際、全盛時のタイガーは、5ヤードどころか1〜2ヤード刻みにまで精度が研ぎ澄まされていたものだ。

では、シングルの場合はどうか。

「シングルなら、100ヤード以内からは絶対に『4』はダメ。『3未満』で上がりたい。そのためには、100ヤード以内を最低でも10ヤード刻みで打ち分ける距離感が必要でしょう。そうすれば、まずグリーンには乗るし、20ヤード以上もあるようなロングパットを打たなくてすむ。カップまで10ヤード以内なら、パーはもちろん、バーディーだって狙える」

そのためには、まずナイスショットしたときの自分の距離（キャリー）をしっかり把握しておくことが大切だと伊藤プロは言う。

「アベレージゴルファーのなかには、トップもダフリもしていない、ナイスショットなのに、50〜60ヤードのアプローチを20ヤードもショートさせてしまう人がいます。乗るのは、たいていトップしたときというのでは、いつまでたってもシングルにはなれません」

そのためには、前項で紹介した自分なりの〝定規ショット〟をマスターして、日頃から10ヤード単位で距離を打ち分ける練習を続けるしかない。いや、練習ではもっとシビアに5ヤード刻み、さらには1ヤード刻みのほうが効果がある。「本番は練習のように、練習は本番のように」というように、たとえ練習でも1ヤード刻みで打とうとすれば、どうしたって集中力が増す。結果はどうでもいい。**50ヤードを打ったあとは、51ヤードを打ってみる。それが〝狙う〟ということ**であり、そういう練習を続けて初めて、本番でやっと10ヤード刻みで打てるようになると伊藤プロは言う。

こういう練習をするためには、いまどきの〝文明の利器〟を使う方法もある。それはグーグルアース。地球のほぼ全域にわたって空撮写真が見られる、あのソフトだ。

伊藤プロが教えてくれた使い方は次の通りだ。グーグルアースで行きつけの練習場を見つけたら、全体像がパソコン画面一杯になるよう高度を調節する。次に「定規」のボタンをクリックして、地面上の2点間の直線距離を測定するよう設定。その際、距離の単位は「ヤード」にしておく。あとは、練習場でよく使う打席のあたりにマウスポインタを移動してクリックすると、そこに赤い丸が記される。そこから測定したいポイントまでマウスポインタを移動すると、黄色い線が現れ、マウスポインタを止めたところまでの直線距離がヤードで表示されるという仕組みだ。

こうすると、いつも打っている打席からいつも狙っているグリーンまでの距離が正確にわかる。練習場にも距離の表示はあるはずだが、あれは案外いい加減だし、斜めのラインだと正確な距離がわかりにくい。しかし、グーグルアースを使えば、手前のグリーンまで56・12ヤード、真ん中のグリーンなら132・36ヤードというように、どの打席からでもターゲットまでの距離がなんと100分の1ヤード単位でわかってしまう！　こうして正確な距離がわかれば、練習場でも1ヤード刻みで距離を打ち分ける練習が可能になるというわけだ。

ちなみに、練習場にあるボールは耐久性を考慮してコースボールより飛ばないようにつくられているが、伊藤プロによれば、100ヤード以内ならコースボールと大差がないという。

「手前のグリーンの真ん中なら56ヤード、その手前の溝までなら48ヤードというように、正確な距離がわかったうえで練習していれば、自然に距離感が身についてくる。〝だいたい50ヤード〟と思って打つのと、〝ぴったり56ヤード〟と思って打つのでは、集中の度合いが違ってくる。そういう積み重ねが、実戦での距離感をつくっていくのです。コースで100ヤード以内のショットを打つとき、『いつもの練習場なら、手前のグリーンでぴったりだな』のようなイメージが湧いてくればしめたものでしょう」

グーグルアースの「定規」機能を使えば、コースでの正確な距離も測定することができる（高低差は各自で考慮されたし）。とくに初めてのコースをラウンドするときは、事前にこの方法で〝予習〟しておくと、コースマネジメントに役立つことはいうまでもない。

私もホームコースで試してみた。フェアウエイやバンカーからグリーンまでの距離ならコースに設置されているヤーデージでわかるけれど、隣のホールに打ち込んだような場合、これまでは目勘《めかん》だけで打っていた。それが、今回初めて「16番のティーショットをひっかけて、11番の赤ティー付近からグリーンセンターを狙うときは192ヤード」のように正確な距離がわかった。ボールをよく曲げる人には絶対におすすめのパソコン活用術である。

バンカーショットの勘違い

「アベレージゴルファーのほとんどは、バンカーショットをダフりすぎている」

我が師匠はこう言う。

「バンカーショットは、よくボールの手前2～3センチのところにヘッドを入れろと言いますよね。それは間違いないのですが、ヘッドのどこを入れるかということを勘違いしている人が多い。**クラブが最初に砂に触れるのは、バウンス**です。ところがほとんどのアベレージゴルファーは歯から入れようとしている。これではダフったり、ヘッドが刺さったりして当然。だから、出るだけだったり、距離が少しでもあると、もう一度バンカーだったり。あるいは、歯がクリーンにボールに当たると今度はホームランということになってしまう」

バンカーショットは40～50ヤード以上の距離でもない限り、ほとんどがエクスプロージョン、つまり砂の爆発によってボールを飛ばす。砂を爆発させるためには、SWのバウンスを利用しなければならず、だからバウンスから先に入れるわけだ。

「イメージとしては、SWのフェイスを少し開いて、バウンスがいちばん膨らんでいるヒールに近い部分をボールの手前2〜3センチのところに入れる感じです」

もうひとつ、バンカーショットではヘッドを振り抜くことが大切だといわれるが、伊藤プロにはそういう意識はないという。論より証拠、伊藤プロのブログにある「原型」と題した動画を見ていただきたい（「原型」http://ameblo.jp/hiramekigolf/entry-11124580020.html）。

「胸の正面でインパクトしたら、そこで左手を止めてしまう感じです。そのとき手首が逆らわなければ、勝手にヘッドが走る。結果として、砂が爆発してボールが飛んでいくのです」

じつはこの打ち方、林由郎から青木功へと伝わってきた我孫子流なのだという。

「クローズに構えて、この打ち方をすると、完全に林プロです。でも、ちょっとカッコ悪いので、私なんかいかにもフォローを取っているように見せてますけど（笑）、ほんとうはポンと入れて、左手を止めれば、フィニッシュなんか取らなくったって、ビュッとヘッドが走る。そうすると、かなら

バンカーショット
フォローでのフェイスは自分に向く
左手を止める感じ

「原型」
http://ameblo.jp/hiramekigolf/entry-11124580020.html

ずボールはバンカーから出ます」

私もホームコースのバンカー練習場でやってみた。ポイントは、インパクト時のフェイスの向きで、フェイスの上に砂を乗せても落ちないようキープする感じといえばいいか。やってみればおわかりのはずだが、ほとんど力はいりません。まずは、砂の上にクラブヘッドで線を引いておき、連続で打って（ボールは不要）ヘッドが入る位置と取る砂の量が同じになるような練習から始めるのもいいだろう。

それまで、親の仇《かたき》のようにSWを砂に向かって打ち込んでいた人は、ぜひお試しあれ！

パットが〝入りそうなオーラ〟を出す方法

1ホール当たりの平均パット数が2009年1位、10年2位、11年1位の石川遼しかり。09年9位、10年6位、11年5位で、つねに強気のパットをして、入れたときのガッツポーズが凄い谷口徹しかり。パッティングのうまいプロゴルファーは、構えた姿を見ただけで、入りそうな予感がするものだ。なんというか〝入りそうなオーラ〟が出ているのだ。

この〝入りそうなオーラ〟は、アプローチでは〝チップインしそうなオーラ〟、ロングゲームでは〝ピンにからみそうなオーラ〟ということになるのだが、師匠は「それも当然。パッティングとショットは同じですから」と言う。

「パッティングの3原則は、ラインが読める、芯で打てる、思ったところに打ち出せる構えができていて、その通りに打てる、の3つですが、これはショットも同じです。ショットも〝ライン出し〟というように、風やライを計算して、どういうラインで打っていけば狙ったところにボールを止めることができるかを考えることが大切。芯で打たなければならないのは当たり前だし、構えがどれだけ大事かはこれまで何度も言ってきた通り。この3つがOKなら、パットもショットも、うまくいきそうなオーラが出るのは当然でしょう」

この〝入りそうなオーラ〟、じつはプロやシングルだけでなく、ヘボゴルファーからも感じることがあるから面白い。

たとえば、ある日のラウンドで、いつもはおしゃべりなI君（ハンデ13。元サッカー選手で、ふくらはぎが私の太腿くらいはあるという飛ばし屋だが、ショートゲームが下手）が、いつになく黙り込んで慎重にラインを読んでいることがあった。7〜8メートルはある難しい下りのスライスラインである。つねと違う雰囲気を感じて、私を含めた同組の3人はいつにもまして静かにしていたのだが、I君がパッティングのアドレスに入るときに、「あ、これは入るかも」と私は思った。どこにも迷いが感じられなかったからだ。

テイクバックでスムーズに手が動いたときは、「入るかも」は「入りそうだ」に変わった。そして、実際にボールの転がりを見た瞬間、こちらはラインなどわからないのに、「これは入った」と確信した。結果は、ジャストタッチでど真ん中からのカップインだった。

「おいおい、いまもの凄く集中してなかった？」と私。

「わかりました？　いやあ、なんかラインが見えて、入りそうだったんで、いつもより少しだけ時間をかけさせてもらいました」とI君。

「入りそうなオーラ、出てたよ」といったら、I君は大いに照れていたが、〝入っちゃったパット〟ではなく、〝狙ったパット〟が入るときというのは、アマチュアでもそういうものなのである。

「パットが下手なゴルファーは、『入れるぞ』ではなく、『3パットしたらどうしよう』というマイナスのオーラが出てしまっている。目力《めぢから》も弱い。それでは入るものも入らない」と伊藤プロ。

〝入りそうなオーラ〟は、ルーティンの段階から醸し出される。まずはカッコだけでも、そういうオーラが出そうなルーティンを確立してみてはいかがだろう。もちろん、最初はうまい人の「真似」でいいのだから。

ロングパットの距離感をつかむ秘策

レッスン書を読んだり、ティーチングプロに訊ねたりすれば、パッティングの〝正しいストローク〟の仕方はいつでも教えてくれるはずだ。ラインを読むコツなんてのも、本やコーチは教えてくれるに違いない。

しかし、絶対に教えられないのが距離感（タッチ）ではないか。たとえば昨日ゴルフを始めた人から、10メートルの平らなラインはどのくらいの強さで打つべきか訊ねられたとして、さて、あなたはなんと答えるだろうか。

もし私がそう問われたら、一瞬絶句。そしてしばらく考えても答えは見つからず、結局は「感じたままにストロークするしかないよ」と言うに違いない。そして、こうも付け加えるはずだ。

「パッティングの距離感なんて、何百球と打って、身体で覚えるしかないんだよ」と。

もし、それ以外の方法があるなら、この私が教えてほしいくらいのものなのだが、聞いてみるものである。ある日のレッスンで伊藤プロに訊ねてみると、ロングパットの距離感をつかむ秘策があるというのだ。

「**距離を三等分するんです。で、最初に3分の1の素振りをして、感じが出たら、次に3分の2の素振りをする。そして、最後に3分の3、つまりカップまでの距離の素振りをする。**たとえば15メートルのパットの場合、いきなり〝15メートルのタッチ〟なんて出てくるもんじゃない。しかし、〝5メートルのタッチ〟なら、半年くらいゴルフをやっている人なら出せるはずです。だったら、10メートルなら〝5メートルのタッチ〟の2倍、15メートルなら〝5メートルのタッチ〟の3倍というイメージでストロークすればいいということになる。簡単でしょうが」

なるほど、である。さっそく練習場の通路でやってみた。10メートル以上の距離をざっと3分割して、「3分の1、3分の2、1」と心のなかでつぶやきながら3回素振りをすると、なんだかロングパットの距離感が出てくるような気がするではないか。

「ただし、パターも手でストロークしてはダメ。**腹筋と背筋を使ってストロークしないとタッチが安定してきません。**素振りをするときも同じです。『3分の1、3分の2、1』と腹筋を使って3回素振りをしたら、『1』のときの腹筋の締まり具合をキープしておいて、そのまま本番のストロークを始めればいい」

そう言って、伊藤プロが持ち出してきたのは、彼がいつも椅子代わりに座っている、直径が75センチくらいはありそうなバランスボールとベニア板半分くらいの板だった。そして、その板を両手で挟んで持ったら、パッティングするつもりでバランスボールを打ってみよ、というのである。

やってみた。板が大きくて重いだけでなく、ボールも巨大だから、手打ちでは無理。たしかに腹筋や背筋を使わないとうまくストロークできない。

「バランスボールを真っ直ぐ転がすためには、板の面がスクエアでなければならないこともわかるはずです。そのイメージをキープしたままふつうのパターに持ち替えると、左手の甲からパターのフェイスまでがひとつの板になったような感じになるでしょう。その板の面を意識してストロークするためには、やはり腹筋と背筋を使うしかない。手でパチンとやっては距離感が出ないだけでなく、面も崩れるのです」

そういえば、ホームコースのOプロが、タイガーのパッティングについてこんなことを言っていたことがある。

「タイガーのパットって、ストロークの幅が小さいわりには、転がりがいいでしょ。あれは体幹を使っているからなんですよ」

「体幹」とは、読んで字のごとく身体の幹になる部分で、具体的には腹筋や背筋など身体の中心にある筋肉群（身体の内部にあるインナーマッスルも含む）を指す。運動中の身体を安定させたり、バランスをとるために重要な役割を担っている部位で、近年は、体操やラグビー、陸上競技など、多くのスポーツでその重要性が指摘されている。

ゴルフもしかりということなのだろう。体幹はパッティングのようなきわめて静的な動きでも、いや静的な動きだからこそ、ますますその働きが重要になってくるのだ。なぜなら、人間は体幹が弱いと、どうしてもグラつくようにできているから。身体がグラついては、パットなど入るはずがない。

それにしても、体幹を緩めずに立ち続けるというのは、想像以上にシンドイもの。「道理でパッティングの練習が疲れるわけだ」と伊藤プロに言ったら、「当たり前です」と返されてしまった私だった。

パットの〝保険〟に入るべきか否か

「クラッチパット」という言葉がある。「クラッチ（clutch）」とは、クルマのクラッチと同義で、「ぐいとつかむ」という意味。そこから、アメリカでは「クラッチパット」は緊張する場面でのパット、勝負のかかったパットといった意味で使われるようになった。勝負強いゴルファーのことを「クラッチプレーヤー」ということもある。

試合でなら、プロアマを問わず、クラッチパットというのはかならずある。あとで振り返ってみて、「あれが勝負を分けたパットだった」と思い当たれば、それがクラッチパットだ。

クラッチパットは、ラウンド中でも、自分で「これはクラッチパットだ」とわかることがある。たとえば、難関ホールでたまたま2～3メートルのバーディーチャンスについたようなときは、次のバーディーパットがそれだし、あるいは、林からラフと渡り歩いて、5メートルに〝ダボオン〟なんていうときも、絶対にダボにはしたくないという意味で、次のボギーパットがクラッチパットになる。ひと言でいえば、「どうしてもこれだけは入れておきたいパット」がクラッチパットといえばいいか。

パットの難易度とはあまり関係がない。というか、距離を合わせるしかないようなロングパットは、入るのはたまたまだから、クラッチパットにはならない。あくまで「カップインが狙えるパット」というのがクラッチパットの条件といえる。

そのクラッチパットのストロークの仕方には、2通りある。ひとつは、タイガーや谷口徹のように、しっかりヒットして、カップの向こう側の壁に当てるようなつもりでストロークする方法。そして、もうひとつが〝保険〟をかけてからストロークする方法だ。

この場合の〝保険〟とは、「ほとんど真っ直ぐだが、曲がるとすればちょっとだけフック」のような場合、ラインを完全に消してしまうのではなく、「ちょっとだけフック」を織り込んで、真ん中よりやや右を狙うような打ち方のことをいう。

「どちらがいいとは一概にいえません。ただ、とくにプロゴルファーは、ショートパットだけは絶対に外したくないから、保険をかけるケースが多いとはいえます。ショートパットがカップをなめて3パットというのが、プロにはいちばんこたえる」

パット・イズ・マネーの世界に生きるプロゴルファーは、それゆえにパットの狙い方もじつに細かくなる。

カップの7通りの狙い方

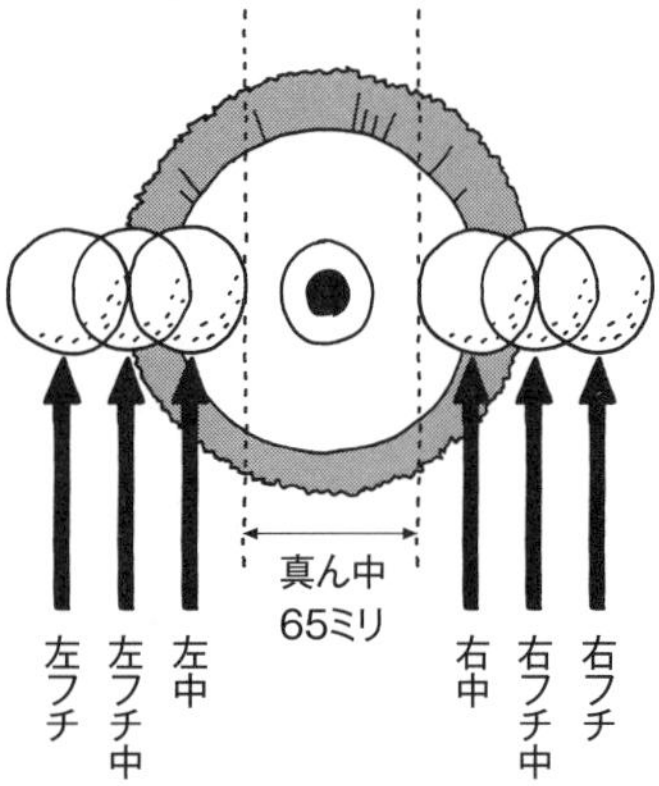

「カップの右側から順にいうと、右フチ、右フチ中、右中、真ん中、左中、左フチ中、左フチとカップの幅のなかでも7通りあります」と伊藤プロ。具体的には上図のようになる。

おわかりのように、右フチと右フチ中、右フチ中と右中の間隔は、それぞれボール半個分しかないのに対して、右中と左中の間、つまり真ん中は幅が65ミリもあることがわかる。これは、ストレートなラインはこの65ミリの幅のなかに打っておけばカップインするということ。しかし、微妙に曲がるラインは、カップのフチを中心に、ボール半個くらいの幅でラインを読まないと、カップインしないということなのだ。

実際、カップへの入り口が5ミリ違うだけで、カップインもあれば、カップをなめることもある。そう考えれば、ボール半個分の間隔でラインを読むというのはけっして細かすぎるということはない。ちなみに、私の場合「右フチ、右フチと真ん中の間、真ん中、左フチと真ん中の間、左フチ」の5通りだから、プロよりアバウトな分だけ、ラインの読みが甘い。よってその分だけパット数が増えるわけだ。

「ただ、いつも保険をかけているわけではないんですよ。たとえば、上りのパットで5メートル以内だったら絶対にショートしないと決めて試合に臨むときもあります。そういうときは、ラインを薄めに読んでしっかり打つ。それはなんというか気合の問題で、そういうパットをショートさせたときは、『そんなんじゃダメだ』と自分に活を入れる。ただ、どんなパットもイケイケでやってしまうと、大オーバーして3パットになるのはプロもアマも同じ。要は、**強気のパットと慎重なパットのメリハリが大切**で、そのためには、その日の自分のパッティングの調子や試合の流れを読むことも必要になってくる」

げにパッティングの奥は深いというべきか。プロゴルファーにイップスになる人が多い理由がわかったような。パッティングについては、アマチュアでいたほうがずっと幸せでいられるかも――なんて考えているうちはシングルにはなれない？

シングルとアベレージの差は「2メートル」にあり

アプローチでもっとも多いのは、カップまで20〜30ヤードという場面。もちろん、同じ20〜30ヤードでもライによって難易度が違ってくるのは当然で、ここはあくまで結果を平均したうえで考えてほしいのだが、さて、あなたは、この場面でどれくらい寄せることができれば納得するだろうか。

1ピン？　1クラブ？　それともOKが出るくらいまで？

おそらく、1ピンなら「まあまあ」、1クラブなら「合格」、OKなら「100点」と考える人が多いのではないか（チップインなら120点？）。しかし、伊藤プロに言わせると、「アマチュアはほんとうにゼータク」ということになる。

「1ピンなら、十分合格と考えるべき。それ以上寄せようとすると、アマチュアの場合、イップスみたいなストロークになってしまうことが多い。**1ピンでOKと思えば、プレッシャーも減って、リラックスして打てる。**1クラブ以内に寄るのは、たいていそんなときです」

じつはプロの試合で1クラブくらいに寄ったように見えるアプローチも、実際は1ピンくらいはある場合が多いと伊藤プロは言う。理由は、「テレビカメラのいたずら」。トーナメント中継では、グリーンの奥にテレビカメラが設置されていることが多い。そんな場合、たとえば花道からのアプローチは、ボールとピンがカメラアングルとしては縦位置になる。その結果、ホントは1ピンくらいショートしていても、いかにもOKくらいにくっついたように見えるケースが多いというわけだ。

それはさておき、ここで問題にしたいのは、なぜアマチュアは「1ピンでまあまあ」などというゼータクな発想をするのか、ということである。

「それは、1ピン、つまり2メートルくらいのパットに自信がないからでしょう。プロが1ピンでも合格と考えるのは、たいてい打ちやすい上りのラインにつけていることもあって、そのパットを入れる自信があるからなのです」

というわけで、ようやく本題である。プロにとって、勝敗の鍵を握っているのが2メートルのパットだと伊藤プロは言う。2メートルのパットは、「絶対に入れたいパット」だから、ある意味すべてがクラッチパットになる。だから、プロはこの2メートルを徹底的に練習する。

「2メートル・イズ・マネー」なのだ。

アマチュアにとっても、「2メートル」は、シングルとアベレージを分かつ鬼門になる。

ハンデ10の私の場合、「2メートル」は、ハーフで2〜3回はある。入る確率は半々というところだろうか。全部入れれば気分は上々でショットもよくなるから、30台も十分ありうる。ところが、「2メートル」がまったく入らない日というのもあり、そんなときは3パットも増える↓ショットも悪くなる、というわけで、40台半ばのスコアになることも珍しくない。「2メートル」が入るかどうかは、単純にパット数が違ってくるというだけでなく、ショットにまで影響を及ぼす。「2メートル」は、スコアメイクの大きな鍵を握っているのだ。

そこで、「2メートル」の練習である。実際、シングルたちのパッティングの練習を見ていると、昼休みやラウンド後、しつこいくらいこの距離を転がしている人たちが多い。ホームコースのOプロも、2〜3メートルのパット練習を、よく腰が痛くならないなと思うほど続けていたりする。

「2メートルの練習をするときは、上りの少しだけ曲がるラインでやるといいでしょう。そのとき、外すのはどういうパターンが多いのかを知ることです。すると、アマチュアの場合、たとえば**上りの軽いフックラインなら、手前で左に切れるケースが多い**ことに気づくはず。とくに勝負どころのパッティングでは、打ち切れなくてそうなるケースがひじょうに多いのです。だから、練習では本番を想定して『左手前にだけは外さない』と決めてストロークする。右に抜けるのはしょうがないと思って練習するのです」

そうやってしつこいくらい練習して初めて、「50パーセントだった入る確率が58パーセントくらいになるのがパッティング」だと伊藤プロ。

「なんだ8パーセントかよ、なんて思っちゃいけません。50パーセントが80パーセントになるなんてことはありえない。8パーセントが勝負を分けるんです」

ある日突然ゴルフがうまくなる魔法はない。

小さなことからコツコツと——どこかで聞いたことがありそうなセリフだが、シングルになるには近道はないのだ。

4章 シングルのスコアメイク術

簡単にハーフ30台で回る方法

シングルを目指すアベレージゴルファーのなかには、まだハーフを30台で回ったことがない人も多いはずだ。

ハーフ30台といえば、許されるのは3オーバーまで。まあ、しょっちゅうダボやトリを叩いている人にはそう簡単には実現しそうもない夢のスコアかもしれないけれど、ここではそういうポカがないとして、簡単にハーフ30台で回る方法を伝授させていただくことにする（「ポカがないとして」という前提自体にそもそも無理がある、という人も最後まで読んでいただきたい）。

じつはこの方法、２０１１年のホームコースのクラチャンである有さんから教わったもので、最大のポイントは、**ハーフ９ホールのうち、パーオンするホールは３ホールでいい、**という点にある。で、もちろんその3ホールは、絶対にパーをとる。

問題は、残りの6ホールだが、このうちの3ホールは寄せワンでパーをとる。そして、残りの3ホールは、ボギーでもよしとする。すると、39で回れるというわけである。

この話を聞いたときの私は、それこそ目からウロコが落ちた気がした。なぜなら、それまでの私はといえば、ドライバーがよほど曲がらない限り、すべてのホールでパーオンを狙っていたからだ。もちろん、すべてのホールでパーオンを狙うのはゴルファーとして当然の話、いわば本能のようなものだろうが、実際はプロゴルファーでもパーオン率は6割程度であることを忘れてはいけない。トーナメントプロをもってしても、ティーショットが曲がってグリーンが狙えなかったり、あるいはセカンドをミスしたりして、10回に4回はグリーンを外すのである。

ましてアマチュアとなれば、シングルの「5下」クラスでもパーオン率は50パーセントあるかどうかというところだろう。それでも、彼らがシングルでいられるのは、パーオンしなかったホールの半分くらいはパーを拾ってくるからなのだが、そういう事実を忘れて、しゃかりきになってパーオンを狙うと、ダボやトリが出るのがゴルフ。ドライバーはけっこう飛ぶし、アイアンショットもそこそこなのに、なかなか40が切れない、シングルになれないというゴルファーは（私のことでもある）、たいてい無理やりグリーンを狙って墓穴を掘っているタイプなのだ。

「パーオンは3ホールでいい」と言われれば、私などはそれだけで気がラクになる。実際、ホームコースのアウトの9ホールを思い浮かべてみると、ふたつのパー5と距離の短いパー4なら、これまでも比較的簡単にパーオンしてきたことに気づく。よし、この3ホールはパーだとしよう。

次に、寄せワンができそうなホールとして、3つのパー4が思い浮かぶ。さほどプレッシャーを感じることなくティーショットが打て、セカンドがラフからでも、なんとかグリーンの周囲までボールが運べそうなホールだ。で、この3ホールもなんとかパーをとったと。

　すると、残りはハンディキャップ1のパー4とふたつのパー3。先の教えでは、この3ホールはボギーでよしということになるのだが、実際、私はとくに距離のあるふたつのパー3が苦手だから、ボギーでいいと言われれば、どれだけ救われることか。極端なことをいえば、このふたつのパー3は最初からグリーンを狙わず（どちらも左右にやっかいなバンカーがある）、2クラブくらい下げて、花道を狙う。そこから20〜30ヤードのアプローチをしたほうがパーの確率が高いほどなのだ。実際は、ミットモナイので意図してやったことはないけれど、ティーショットを大ショートした結果、図らずもこの通りの攻め方になってパーを捨ったことは何回もある。いずれにせよこの3ホールは、最初からボギーでいいと言われれば、その通りボギーで上がることはそう難しくはない。

　というわけで、そういうつもりで頭のなかでこのハーフを回ってみると、なんと簡単に39で回れることか！　読者も、ホームコースやよく行くコースで、そのつもりでシミュレーションしてみてほしい。ウソみたいに簡単に30台が出てしまうから。

　もちろん、このシミュレーションが〝絵に描いた餅〟にならないためには、

①パーオンしたホールでは確実に2パットで納めること
②2回に1回は寄せワンできること
③そのためには、グリーンを狙うショットが、たとえ乗らなくても花道など寄せやすいところまでは運べること
④OBや池ポチャなど、ダボやトリに直結するペナルティを避けること

などの条件を満たすことが必要になってくる。

シングルを目指すのであれば、「それができるのなら苦労しない」などとは言わないでいただきたい。シングルゴルファーとはみな、「それができるよう苦労してきた人々」なのだから。

「スコアに対するそういう考え方はとてもいい。そうやって考えてみると、誰でも自分には何が足りないのか課題が見つかるはずです。パーオンしても3パットしてしまう人はパターの技術を磨く。せっかくグリーンの近くまで運んでも、なかなか寄せワンに成功しない人はアプローチの技術を磨く。OBや池ポチャなどのペナルティが多い人は、飛ばそうと力まないとか、攻め方自体を変えるなどの発想の転換が必要な場合もあるでしょう。そういうことがわかるだけでも意味がある」

私の場合でいうと、先の4つの条件のうち、かろうじて合格といえそうなのは、③くらいの

もの。せっかくパーオンしても10メートル以上のロングパットではしょっちゅう3パットをやらかすし（グリーンを狙うショットの精度が悪いということでもあるが）、アプローチも40ヤード〜60ヤードの距離感に難がある。ドライバーのフェアウェイキープ率も、たぶん3割を切っており、OBや池ポチャも、平均すれば1ラウンドに1回くらいはある。

そう、ハーフを30台で回るのは簡単だと思ったのも束の間、私には克服すべき課題が山ほど見つかってしまったのである。

ダボを叩かないための「1＋1」の発想

「ダボだけは叩くな」

これは、クーさんをはじめ、先輩のシングルたちから耳にタコができるくらい聞かされてきた言葉だ。いわく、「ダボさえ叩かなければ、スコアはパーの数だけ90から減る。つまり、パーを10個とれば80で回れる。いつもそういうスコアで回っていれば、黙っていてもシングルになれる。どう小泉君、簡単だろ」。

じつは、私は1ラウンドで平均すれば9ホールはパーをとっている。さらに、3ラウンドに2回くらいはバーディーだってある。にもかかわらず、いまだにシングルになれないのは、お察しの通りダボやトリがあるからにほかならない。ま、その内容はOBあり、池ポチャあり、ただの〝素ダボ〟ありと多岐にわたっているのだが、ともかくダボやトリを叩くと、「あー、やってしまった」とがっくりくる。クーさんのように「なーに、ふたつバーディーをとればいい」なんて思えるほど楽観的（能天気？）な性格でもない。

たしかに、ダボやトリがなければ、ほぼ間違いなくスコアは80台前半、バーディーがあった日には70台ということもある。事実、これまで70台で回ったときには、最低でもバーディーがひとつはあったような気がする。そういえば、ベストスコアの76のときは、イーグルもあった。しかし、逆にいえば、私の70台はバーディーやイーグルという僥倖《ぎょうこう》に恵まれないと出ないのだ。ほんとうはバーディーなしでも70台で回れるのが、ほんもののシングルだと思うのだが……。

それはともかく、焦眉の急は、どうすればダボやトリを叩かないか？　という問題である。

「ダボを叩かないために最初に考えなければならないことは、徹底的にペナルティを避けるということ。そうすると、自ずと〝ダボにしないルート〟というものが見つかるはずですが、シングルになれない人は、そのあたりの見極めがひじょうに甘いんです」

たとえば、セカンドのベスポジがティーから250ヤード先のフェアウエイの左だとする。しかし、少しでも左に曲げるとOBというケースでは、私の場合、ドライバーでベスポジを狙うのは無謀ということになる。ならば、スプーンでフェアウエイの右を狙えばいいかというと、今度はそこにスプーンでは届きそうな池があるとする。そうなると、スプーンもダメ。次なる手段はクリークやユーティリティー（UT）を使うということになるわけだが、それで問題が解決したわけではない。残された問題は、そのクラブで思った距離を刻むだけの技術や自信があるのかということ。もし、自信がないというのなら、クリークやUTも却下。5番アイアンや7番アイアンを使うしかない。それでサードで乗せてボギーでもいい——そう考えることができれば、ダボやトリはまず叩かないというわけである。

「そんなゴルフではつまらない」という人も大勢いそうだが、だったらスコアメイクのことなど考えずに、クラブを振り回していればよろしい。まあ、ストレス解消になるようなショットは1ラウンドに1回あるかどうか。ほかの十何回かは、曲がったり、芯を外れたりして、ストレスがたまるばかりでしょうけど。

「石川遼もドライバーをフルスイングして、けっこう曲げているではないか」というのもピント外れな見方だろう。彼は、ラフからでもグリーンを狙えるだけの技術をもっている。だから、少々の曲がりは覚悟して、ドライバーで攻めるのだ。

「もうひとつの考え方は、**つねに〝次のショット〟をイメージしながら、目の前のショットを打つ**ということです。私はこれを『1＋1の発想』と言っていますが、ティーショットでも、セカンドでグリーンが狙いやすい場所、あるいはグリーンを狙うときにバンカーや池などのハザードがかかりにくい場所があるわけで、そこを狙うということ。コースマネジメントのイロハですが、そうすればボギールートだけでなく、パールートだって見えてくるはずです」

林のなかに打ち込んだとき、少しでもグリーンに近づこうとして小さな隙間を狙い、キンコンカンをやってしまう——。こうなると、ボギーどころかダボやトリまでありになってしまう。

しかし、状況によっては、グリーンから遠ざかってもフェアウエイに出し、3打目でグリーンの花道を狙う。そして、4打目で寄せてボギーでしのぐという攻め方だってある。この場合は、「1＋1＋1の発想」ということになるだろうか。

こういう発想は、つねにピンだけを見ているイケイケのゴルファーにはまず生まれない。この項を読んで、「そんなの当たり前だろ」と言う人も多いはずだが、コースに出ると、この当たり前のコースマネジメントを忘れてしまっていませんか？〝当たり前〟を徹底できるかどうか。それはシングルとアベレージを分かつ境界線でもあるのだ。

「ライ」は1ミリ単位で観察せよ

技術やメンタルの問題以外で、シングルになるためにどうしても欠かせないものがひとつある。それは「ライの見極め」である。

ところが、アベレージゴルファーのなかには、ライの見極めができない人、いやそれ以前に、ライについてあまりにも無頓着な人が多いと伊藤プロは言う。

「私たちプロは、ボールのあるところに行ったら、まずライを見ます。そして、次に風を見る。『ライ見て、風見て』というのはセットで、それをやることで初めてそこからのショットをイメージするのですが、アベレージゴルファーのなかには、ライもろくすっぽ確かめないで、打っちゃう人のなんと多いことか」

そうなのである。そういうゴルファーは、ボールのある場所までいくと、たいていキャディに「ピンまで何ヤード？」と訊ねる。そして、150ヤードと聞けば、何とかのひとつ覚えのように「7番持ってきて」と言う。私の目から見ても、「そのライはフライヤーしそうだから、彼なら8番、いや9番でもいいかも」なんて思うのだが、当人はそういうことはいささかも考えないようで、7番をいつもの調子でひと振りする。すると、案の定、グリーンを大オーバーしてしまったりするのだ。

「ボールのライというのは、それは微妙なものです。たとえフェアウエイにあるボールでも、たまたま芝が少しだけ薄くなっているところにあるボールは、プロでもイヤ〜な感じがする。ベストなライに比べると1ミリくらい沈んでいるだけだとしても、そういうライからスプーンでふつうに打とうとすると、下手をするとトップしかねないと考える。だから、ふだんより少しだけ打ち込むイメージでスイングすることもあります」

フェアウエイにあるボールのライにしてからがこれほど微妙なのだから、ラフやバンカーにあるボールはますますもってライの見極めが大切になることはいうまでもない。

同じラフにあるボールでも、浮いているボール、真ん中あたりまで沈んでいるボール、すっぽり沈んで頭が見えないボールでは、まったく打ち方が変わってくるし、沈み方以外にも、ラフの密度、湿り具合などによって、ヘッドを入れる角度やヘッドスピードを考えないと、フライヤーになったり、ラフに負けて飛ばなかったり、思ったようなボールは打てない。

こうしたことは、文章で表現することもデジタルな方程式にすることもできない。ゴルファーがその都度、**ライをよーく観察して、どういう打ち方をしたらどういうボールになったか、ということを記憶しておく。そして、同じような場面がきたら、過去のショットを思い出しながら素振りをして、これから打つショットをイメージするしかない**のだ。

というわけで、シングルになるためには実際のラウンド数を増やすことも大切という、まあミもフタもない結論になってしまうのだが、それでも伊藤プロはこんなことを言うのだ。

「何回ラウンドしても、気がつかない人は気がつかないんですよ。そして、何度でも同じミスをくり返す。その一方で、難しいライでも、次からはけっこう対応できる人もいる。そういう人は最初からライの重要性がわかっていて、自分なりに研究している人です。こういうゴルファーは、まず間違いなくシングルになれる」

研究という意味では、ゴルフ仲間の存在も大きいと伊藤プロは言う。たしかに、私もシングルとラウンドするときは、難しいライからのショットをどう打つか観察しているし、ショットのあとで、使ったクラブの番手や打ち方を訊ねることもある。するとまず100パーセントの確率で、シングル氏は丁寧に教えてくれる。シングルという種族は、ゴルフのテクニックや知識について語りたい人が多いのだ（なかには、あまりにも丁寧に時間をかけて語りすぎる人もいますが……）。

それはともかく、ライの重要性がわかってくると、微妙なライではたしかに「イヤ〜な感じ」がするものだ。私もそのクチだが、まあ無頓着であるよりはマシなのだろう。問題は、その「イヤ〜な感じ」を払拭できるような技術を早く身につけることだが、その点についてはまだまだ発展途上であることはいうまでもない。

飛距離へのこだわりがゴルフを壊す！

この項の最初に正直に告白しておくと、この本をつくるために、伊藤プロとはレッスンだけでなく、十数時間にわたってさまざまな話をしてきたが、そのなかで、私がなかなか納得できなかったのが飛距離の問題だった。

最初に私は「シングルになるためには、やはりある程度の飛距離が必要なのではないか」と問うた。「ランも入れてドライバーで240ヤードくらい飛ばなければツライのではないか」

と。

すると、伊藤プロは言下に「ノー」と言った。**「200ヤードしか飛ばない人でも、シングルになった人はざらにいる」**と。

もちろん、そういうシングルがいることは私だって知っている。「でも、やっぱり240、いや230ヤードは欲しいでしょ」と食い下がる私。実際、私のまわりにいるシングルプレーヤーは、70歳を間近に控えたクーさんでも、そのくらいは飛ぶ。で、そのくらい飛ばないとパーオンが狙えないのではないかと思ったのだ。

しかし、それでも伊藤プロの答えは「ノー」だった。

「杉原輝雄プロが、100ヤード、狙ったところにきちんと打てればいいと言ってましたね。それなら、400ヤードのパー4でも4打目を直接カップに放り込むことができる、ゴルフはボールを飛ばすことより、いかにしてボールを思ったところに止めるかが大切だと。まあ、100ヤードでいいというのは極端すぎるとしても、230ヤードなんて必要ないんですよ。実際、私の4番アイアンの飛距離は200ヤード前後ですが、4番アイアン以下のアイアンだけでも70台で回ってこれます」

「それはプロだから当然でしょうが」

「そこで**『プロだから』って言っちゃダメ**なんですよ。**アイアンだけでも70台で回れるという**

発想が大事なんです。小泉さんだって、ロングアイアンがちゃんと打てれば、アイアンだけで70台で回れるはずです。では、逆に小泉さんに訊ねますが、飛ばそうとすればミスすることのほうが多いのではないですか？」

「そりゃまあ、どうしても力みますからね。だから、力まないで飛ばすにはどうすればいいかを日夜考えているわけで」

「いや、〝飛ばしたい〟という気持ちがある限り、力みはとれないんです。もっといえば、距離にこだわっているうちは、ゴルフが完成しない。完成したと思っても、またすぐ壊れる」

「だって石川遼とか諸藤将次とか、とことんまで飛距離を追い求めているプロがいるじゃないですか」

「それは次元があまりにも違いすぎる。彼らトーナメントプロは、パーじゃなくて、バーディーを狙っている。バーディーをとるためには飛ばすことが大いなるアドバンテージになりますからね。それに、彼らは若いというだけでなく、ゴルフが壊れないようなトレーニングもしているし、技術もある。小泉さん、そういうトレーニングしてますか？　マン振りして、思ったところにボールを運べるテクニックがありますか？」

「………」

「じゃあ、こう言いましょう。**飛距離に対するこだわりがなくなったとき、飛ぶようになる、**

と」

「？？？」

「『おれ、飛ばないんだよ。でも、ゴルフって飛距離じゃないんだよ』って思えたときに、タイミングの重要性とかいろんな発見が生まれるんです。すると、結果として、前より飛ぶようになる」

こう言われて、私は2008年、狭山ゴルフ・クラブで開催された日本シニアオープンを観戦したときのことを思い出した。そのときいちばん感じたのは、シニアプロたちのテクニックもさることながら、「シニアプロは、誰ひとり力んでいない」ということ。スムーズに身体が回転しているだけで、ボールをヒットするという「力感」みたいなものが伝わってこないのだ。

「それはそうでしょう。プロならシニアじゃなくても、力みが百害あって一利もないことを痛いくらい知ってますからね。でも、スイングに締まりはあったはずです。あとはタイミング。締まりがあってタイミングが合えば、シニアでもポンと振っただけで260ヤードくらいは飛びますから」

女子プロゴルファーの平均的なドライバーのヘッドスピードは40m／sほどで、男性のアマチュアゴルファーの平均とほとんど変わらない。ところが、彼女たちは平均240ヤード飛ばすのに対し、同じヘッドスピードの男性のアマチュアは、200〜220ヤードくらいしか飛ばない人が多い。240ヤード飛ばす人は、たいていヘッドスピードが46m/sくらいはあるはずなのだ。では、なぜ女子プロはヘッドスピードが遅くても飛ぶのか？

それは、ひと言でいえばミート率の違い。つまり、女子プロのほうが正しい軌道でドライバーの芯でボールを捕らえているのだ。そして、そのためにはタイミングがひじょうに大切になってくるというわけである。

46m/sとは、じつは私のヘッドスピードでもあるのだが、伊藤プロによると、シニアには私よりヘッドスピードが遅い人がいくらでもいるという。それでも、シニアプロのほうが私より飛ぶのは、女子プロが飛ぶのと同じ理由だ。

「力んでは飛ばない」ということは、ほとんどのアマチュアゴルファーが知っている。しかし、「飛ばそう」と思っている限り、力みがとれないのだとすれば、「飛ばさない」と思えばいい。

そういえば、ある日のラウンドで、〝飛ばし＝命〟を自他ともに認めるクーさんが「200ヤードでいい、200ヤードでいい」と自分に暗示をかけるようにしてドライバーを打ったところ、250ヤードも飛んでしまったことがあった。

「やっぱりねえ。飛ばそうと思わなきゃ飛ぶんだよなあ」とクーさん。しかし、その次のラウンドでは、もう歯を食いしばってフルスイングしているのだから、彼の飛ばしに対するこだわりは、もはや業というしかない。

まあ他人のことは言えた義理ではないのだが、最終的には「飛ばしたい」という気持ちをどうコントロールするか。飛ばす、いや〝結果としてボールが勝手に飛んでいく〟ためには、心の問題がいちばん大きいのだと私は思っている。

〝今日の「わかった」〟は引き出しに入れておく

「やっとわかったよ」

ラウンドの後半、残り3ホールくらいでナイスショットが出たときに、例のクーさんがよく言うセリフである。それまで、あーでもないこーでもないと、首を捻りながらのラウンドだったのが、ひとつのスイングをきっかけに、今日ずっと出ていたミスショット（とは限らないが、本人には不満なショット）の原因がわかったという意味である。どうやらそれはほんとらしく、それから3ホールはナイスショットの連続で、あっさり逆転されてしまうこともよくある。シャクなこと、この上ない。

「プロでもそういうことはよくあります。たとえば私は、テレビのゴルフ中継で、片山晋呉が長いパットを放り込んだあと、『やっと見えたよ』と言うのを聞いたことがある。ストロークのやり方なのか、グリップの握り方なのか、ターゲットのとり方なのか、そこまではわかりませんが、とにかく彼は、その長いパットを入れたあとに、パッティングについての何かがわかったわけです。で、実際そのあとのホールでは、パターがポンポン入り出す。片山選手はキャディと顔を見合わせながら、『なっ、やっぱりそうだろ』という顔をする。これをして私は〝今日の『わかった』〟と言っているのですが」

〝今日の「わかった」〟は、ラウンドが終わってから見つかることもあると伊藤プロは言う。内容的に不満なラウンドがあり、帰宅して、バランスボールに座ってシャドースイングをしてみたところ、「ああ、今日は股関節の入り方が甘かった」とか「脇が緩んでいた」なんてことが「わかる」ことがあるというのだ。

まあ、私のような腕前でも、「わかった」と思ったことは何十回、いや何百回とある。練習場でいい当たりが10発も続き、どうやらその原因が「セットアップでガニ股に構えることにある」などと独り合点すると、「とうとうゴルフの奥義をつかんだ！」という気になって自分の発見に興奮することもしばしばである。

そして、密かに、かつ大いに自分に期待しながら、次の日のラウンドに臨むのだが、その期待がものの見事に裏切られることのなんと多かったことか。ここ数年の私のゴルフといえば、わかる↓自分に期待する↓裏切られるのくり返しだったといっても過言ではない。そういえば、クーさんの「わかった」にしても、私には長続きしたという記憶はない（本人は、年のせい、つまり忘れっぽいからだと言っていますが……）。

それはともかく、私の場合、「わかった」ことは、その日のラウンドか、よくて次のラウンドまでしか通用しないことが圧倒的に多い。賞味期限が極端に短い鰯《いわし》みたいな「わかった」である。

まあだから、〝今日の「わかった」〟なのだろう。考えてみれば、そのときの体調や関節の回り具合、さらに天気など、ゴルフの内容が変わる要素は無限にある。つまり、ある日ゴルフをやっていて「わかった」ことは、すべてがその日とまったく同じ状態じゃないと通用しないのではないか。いうまでもなく、すべてがまったく同じ日というのは厳密にはありえない。だから、〝今日の「わかった」〟は、その日限りのものなのではないか。

あるいは、その日いいゴルフができたのは、本人が「わかった」こと以外にも別な原因があり、そのことも含めてわかっていないと、翌日、「わかった」ことだけをやってもうまくいかない、というケースもありそうだ。そうでなければ、プロでも日によってスコアが10打も違う理由が説明できないではないか。

「とはいえ、〝今日の『わかった』〟に意味がないわけではありません。いや、ないどころか**〝今日の『わかった』〟を積み重ねることで、少しずつわかってくるのがゴルフ**なんですよ。ですから、〝今日の『わかった』〟は、明日使えなくても、ちゃんと引き出しにしまっておくことです」

「わかったと思うな」と言ったのは中部銀次郎だが（同名の著書あり）、それは「わかることには意味がない」ということではけっしてないだろう。彼は浅はかな悟りを戒めているだけで、「わかる」なら、「もっと深くわかれ」と言っているのだ（『もっと深く、もっと楽しく。』という著書もあり）。

〝今日の「わかった」〟と、何カ月後かの〝今日の「わかった」〟が組み合わさることによって、劇的な化学変化が起き、ゴルフが「もっと深く」わかるようになる。すると、ウソみたいにゴルフが簡単になる……。

そんなことを夢見ながら、いまも私は鰯のような〝今日の「わかった」〟をせっせと引き出し（冷蔵庫のほうがいいか）にしまっている。

そういえば、こんな諺《ことわざ》もあるではないか。

「鰯の頭《かしら》も信心から」

ひとつのコースを集中的にラウンドする

「17番のカップ、右端に切ってあったろ。で、フェードで狙ったら、ただのコスリボールで池だよ」

「何番で打ったの」

「7番アイアン」

「7番でフェード打ったら、コスらなくたって届かんでしょう。あんたの距離じゃ」

月例会が終わったあとの浴室やレストランでは、こんなメンバー同士の会話があちこちから聞こえてくる。

こんなとき、私はホームコースをもってよかったとしみじみ感じる。「17番ホール」と言われれば、たちどころにそのホールの映像が浮かんでくる。さらに右端に切ってあるピンを狙うことがかなり勇気が必要であることもわかる。つまり、長々と言葉を尽くして説明されなくても、先のような簡単な会話だけで、そのときの状況がありありと目に浮かぶのだ。「半ちゃんが、8番でホールインワンしたって」と聞けば、「使ったのは5番アイアンかな」と想像する。「Nさんが、7番であと少しでワンオンだったよ」と聞けば、300ヤード近くも飛んだレフティのドローボールが目に浮かぶ。そんなことが楽しいのである。

メンバー同士だから当たり前ではあるのだが、こうした会話はお互いがコースを熟知していないと成立しない。

コースをよく知っていることは、ほかにもいろんなメリットがある。たとえば、私は初めて出たクラチャンの予選で、15番ホールで10も叩いたことがあるのだが、5年以上たったいまでも、そのときのディテールが思い出せる。2打目が大スライスして、右の林に入り、脱出するだけで４打も要したのだが、３打目のボールの位置とライ、さらには林の隙間から見た空の様子などが昨日のラウンドのように思い出せる。そして、思い出すたびに、「あの隙間を狙うのはあまりにも無謀だった」とタメ息をつく。

初めてのホールインワンも、もちろんよく覚えている。２０１０年の１月４日。私にとっては恒例の初打ちの日だった。ワン半目の２番Ａグリーン。使用ティーは青で、ピンはほぼ真ん中。カップまでの距離は１８５ヤードという計算だった。左からのややアゲだったから、この時期としては珍しく南寄りの風が吹いていたことになる。

使用クラブは、当時使っていたバーナーのＵＴ４番。球筋は軽いドロー。ボールはグリーン右のバンカーを越えて、ピンの右手前に落ちたはずだった。感触はまずまずだったが、砲台になっているため、ボールがどう転がったかはわからない。まあ乗ったことだけは確実で、いっしょに回っていたクーさんと有さん、さらに後ろの組にいたナオさんも「ナイスオン」と言ってくれた。ところが、グリーンに上がってもボールがない。オーバーしたかとグリーンの左や奥を探したが見つからない。ひょっとして……と思ってカップを見るとボールがあった。そんなホールインワンだった。

いや、ホールインワンの自慢話をしたかったのではない。勝手知ったるコースなら、過去のショットについて、どんなライだったか、風はどうだったか、どういうつもりで打ったか、などが記憶しやすい。そしてそれは、ひとつの貴重なデータとしてゴルファーの財産になるということを言いたかったのだ。

「プロゴルファーもそうです。トーナメントは毎年同じコースで開催されるものが多いから、プロはメンバー並にそのコースのことを知っています。いや、プロはグリーンの傾斜や風の回り方などに敏感だから、メンバー以上に詳しいかもしれない。プロが当たり前のような顔で60台で回ってくるのは、技術もさることながら、記憶力と情報を収集する能力、そしてそれらの情報を分析する能力に長《た》けているからでもあるのです」

では、ホームコースをもたないゴルファーは、こうしたメリットにはあずかれないのか。

「**たとえ月イチでも、3回くらいは続けて同じコースをラウンドすること**です。そうすると、『前回は、このホールの2打目、左足下がりのライからうまく打てなかったのが、今回はうまく打てた』とか、『あのホールの攻め方がやっとわかった』とか、いろんな進歩や発見があるはず。こういうことは練習場ではまず得られないものです」

もうひとつ、コースの利用の仕方で伊藤プロがすすめるのが〝連荘《レンチャン》ゴルフ〟、つまり日をおかずに同じコースをラウンドすることである。

「その日のラウンドが終われば、誰でも、あそこはこう打てばよかった、何番はこう攻めればよかったという後悔や反省が生まれてくるものです。理想はそういう**後悔や反省の気持ちが強**

いうちにラウンドすること。つまり、次回のラウンドでベストなのは翌日なのです」

しかし、月イチゴルファーの場合、そうした気持ちは日がたつにつれて薄れてくるし、コースの風景やショットの内容についても記憶が曖昧になってくる。これでは、次に同じコースをラウンドしたとしても前回の反省が生かしにくいし、ラウンドの〝勘〟もいつまでたってもつかめない。もちろんホームコースのあるゴルファーでも、ラウンドの間が空きすぎれば、月イチゴルファーとさほど事情は変わらない。じつにもったいないというしかない。

ゴルフはある時期、集中的にラウンドするとうまくなるとよく言われるが、それは「鉄は熱いうちに打て」を実践した結果だろう。私はまだ2連荘くらいしか経験したことがないけれど、伊藤プロは「まとまった休暇があれば、3日間くらいの集中合宿がいい」とも言う。

もちろん、ゴルフにそれだけの時間とお金を費やすことができるかどうかは、その人の価値観と財政状況、仕事や家庭の事情によるだろう。しかし、もしあなたが心からシングルになりたいと望んでいるのなら、一度はチャレンジしてみてはいかがだろう。女房を質に入れても、とまでは言いませんけど。

5章
試合にどう臨むか

試合までに〝お守り〟を見つけておく

関東シニアの予選まで2週間を切ったある日のレッスンで、私は伊藤プロからこう言われた。

「そろそろ〝お守り〟を見つけておいたほうがいいかな」

お守り……？

「プロね、ぼくはあまりそういうの信じるタイプじゃないんですよ。自慢じゃないけど、これまで自分でお守りを買ったことはもちろん、人からもらったものを持ち歩いたこともない」

「いや、神社のお守りじゃありません。試合での安心材料という意味。試合までに〝これさえできれば、なんとかなる〟というものを見つけておくんです」

なるほど。

「たとえば、私の場合でいうと、ついこの間のシニアツアーの一次予選。前日の練習ラウンドを終えて、練習グリーンでパッティングの練習をしているときに、こんな〝お守り〟を見つけました。テイクバックの大きさをほんの少し小さくしただけなんですけど、グリーンのスピードに合ったのか球の転がりがよくなった。で、これを明日の〝お守り〟にしようと。おかげで翌日からの試合はパッティングが好調で、最終予選に進めたわけです」

試合前日にお守りを見つけるとは、いかにもドロ縄式という感じがしてしまうが、伊藤プロの場合は、練習場でのレッスンが忙しく、ラウンド数は私よりずっと少ない。〝月イチゴルファー〟ならぬ〝月イチプロゴルファー〟を自称しているほどで、お守り探しが試合の前日になるのもやむをえないのだろう——と半ば同情気味に私が言うと、彼は首を振った。

「いや、トーナメントにずっと出ていたときにだって、そういうお守り探しは毎日のようにやってましたよ。『あ、これだ』と思ったことは、メモ用紙に書いてポケットに入れておき、それでコースに出たこともあります」

なーんだ、プロもそういうことをやっているのである。じつをいえば、私もコースに出るときはズボンの後ろポケットにたいていメモ用紙が入っていて、そこには次のような言葉が書いてある。

「ゆるゆる　ガニ股　脇締める」

「同調　右乗り　肘から下ろす」

最初のは「グリップをゆるゆるに握り、スタンスはガニ股、両脇を締めておく」という意味。二番目は「バックスイングのとき、身体の回転とクラブを同調させ、トップではしっかり右股関節に乗り、ダウンスイングは肘から下ろすイメージで」という意味だ。

　ラウンド前日までの練習場で、やってみてよかったことなどを語呂がよくなるようにまとめたものなのだが、どうも私の場合は、ポイントが多すぎるせいか、あるいは本番のスイングでもそれらの注意点を意識しすぎてしまうせいか、かえってマイナスになることも多かったような気がする。注意点が3つもあり、しかも本番のショットでそれらを全部実行しようとすると、身動きがとれなくなることもあった。これではおよそ〝気持ちのいいスイング〟などできるわけがない。

「**技術的なことはひとつだけ**でいいのです。それに、**試合の場合は課題ではなく、やはり安心材料のほうがいい**。試合は練習ラウンドじゃないんだから」

なるほど。考えてみれば、私にとって試合といえるような試合は、これまでクラチャンくらいしかなかった。過去5年挑戦し続けて、いまだに予選を通過（16位まで）したことがないのだが、いま振り返ってみると、自分のレベルが低すぎて、「こうすればなんとかなる」という安心材料など見つけようがなかったという気もする。メモには単に技術的なハウツーを書いていただけで、それはやはり練習ラウンドでこそやるべきことだったといまにして思う。

「お守りは技術的なことでなくてもいい。たとえば『ダボやトリを叩いても絶対にクサらないこと』でも、『上りのパットは絶対にショートしない』でもいいでしょう。実際、そういう決め事をメモしておくと、実際にダボやトリを叩いたときでも心の準備ができているから、『しようがない』と受け入れられる。試合ではミスが絶対に出る。そしてミスしたら『しようがない』と思って、次の一打に集中する。結局、そのくり返しのなかで、スコアをつくっていくしかないんです」

なるほど。さて、関東シニアにはどんなお守りを見つけていこうか。ものすごい特効薬が見つかるといいのだが……なんて思うのは、相当に甘い考えなんだろうな。

自分なりの〝試合日〟を決める

前項で、私にとっての試合は年に一度のクラチャンくらいしかない、という話をした。ホームコースの月例会は、練習試合といった位置づけである。もちろんいまは関東シニアという大きな試合が控えており、おそらく今後も毎年挑戦していくつもりなのだが、読者のなかにはそういう試合がまったくないという人もいるはずである。

しかし、人間は入学試験があればそれなりに勉強するように、なにか大きな目標があればがんばってしまう生き物。ゴルフも同じ。シングルを目指しているというのに試合がないというのは、かなり寂しい話だと私は思う。

試合は、試合に至る過程において自分の技量を伸ばす大きなチャンスなのだから、ホームコースがある人は月例会を手始めにどんどん参加したほうがいいし、ホームコースを持たない人でも、パブリック選手権をはじめ、最近はゴルフ雑誌が主催する競技会やさまざまなオープンコンペが開催されているから、そうした試合に挑戦してみればいい。試合は、ふつうのラウンドとは違って独特な雰囲気がある。シビレることもある。そういうシビレを体験することも、次の試合の糧になるし、そもそもの話、シビレることはメンタルスポーツといわれるゴルフの醍醐味でさえあると私は思う。

ところが、伊藤プロによれば、アマチュアには「すべてのラウンドが試合」と思っている人が多いというのだから面白い。伊藤プロが生徒にラウンドレッスンするときも、ミスをすると、まるで試合のように悔しがったり、キレてしまったりする人が多いというのだ。

「ラウンドレッスンというくらいだから、レッスン、つまり練習なのにねえ。練習なんだから、曲がったっていいんですよ。むしろ、『こういうライで強振すると曲がるのだ』ということがわかれば、それはとても大きなことを学んだことになる。私だって、久しぶりのラウンドではスコアなんか気にしません。前半でドライバーが曲がっても、朝はまだ身体が動かないな。試合ではちゃんとウォーミングアップしておいたほうがいいな、というようなことが確認できればそれでいい」

たしかに、練習で一喜一憂したところで、なんの意味もない。練習と試合は別ものだし、同じ18ホールを回るのでも、目的が違うのだ――。

と、エラそうなことを言ってはみたが、私がそういうことをわかってきたのは、じつは最近の話。それまでの私といえば、ラウンドのたびにベストスコアを狙っていたり、クーさんたちと戦ったり。まあチョコレートがかかっているから戦わざるをえないのだが、チョコレートは集中力を切らさないためのクスリのようなもの。最近は、そこそこ熱くはなりながらも、練習ラウンドと試合前の真剣なラウンドが区別できるような、メリハリがつけられるようになってきている。

では、月イチゴルファーが数少ないラウンドにメリハリをつけるためにはどうすればいいのか？

伊藤プロがすすめるのは、自分なりの〝試合日〟をつくるということだ。たとえば2カ月後に大きなコンペがあり、その前に仲間とのプライベートなラウンドを2回予定しているとする。こんなときは、仲間との最初のラウンドを完全な練習ラウンド、そして2回目を試合前の真剣な練習ラウンドにすればいい。いや、試合はべつに大きなコンペである必要はない。これから3回ゴルフの予定があれば、3回目を勝手に自分なりの試合日に決めてしまえばいいのだ。

そして、**2回の練習ラウンドではそれぞれ課題を見つけて、練習場ではその課題の克服に努める**。こうして〝試合〟の前日までに、前項で述べたような〝お守り〟を見つけて、試合に臨む。そして、当日は、自分なりに最大限の集中力が発揮できるよう心がける。

いかがだろう。試合慣れしているシングルゴルファーにはいわずもがなの話だったろうが、シングルを目指しながらまだ試合経験が少ない人には、ぜひともすすめたい〝上達プログラム〟である。

苦手ホールは前後のホールとセットで考える

試合前の練習ラウンド。18ホールを回れば、誰でもイヤなホールのひとつやふたつ出てくるものだ。風景やティーグラウンドの向きのせいで、ティーショットのアドレスがとりにくいとか、持ち球のせいで〝入れてはいけないバンカー〟に入りやすいとか。こうしたイヤなホールというのはホームコースにもあるもので、そういうホールに対しては最初からボギーを覚悟していたりする。

ともかく、苦手なホールがあれば、当然ながら攻略法を考える。右がダメなら、ティーショットをスプーンに代えてでも左を狙うとか、グリーンオーバーが即OBなら、ショート覚悟で花道を狙うとか。

まあシングルを目指すゴルファーなら、こうしたコースマネジメントを考えることはいうまでもないだろうが、伊藤プロはこう言う。

「苦手ホールはそのホールの攻略法だけを考えてはダメ。前後のホールとセットにして攻め方を考えろ」と。

たとえば、プロの場合、試合でいちばんやってはいけないのはボギーが続くことだ。ゴルフはミスのゲーム。ボギーが出てしまうのはやむをえないが、ボギーが連続してしまうと、簡単にはゲームの流れを引き戻せなくなる。そうなると予選落ちの可能性が高くなるのがプロの世界。連続ボギーだけは絶対に避ける、というのがプロの世界の鉄則なのだ。

ということは、苦手ホール、つまりボギーが出やすいホールがあるとすれば、前後のホールは何がなんでもパーをとらなければならないということ。つまり、とりあえず**全神経を集中させなければならないのは、苦手ホールの前のホール**というわけで、そこで狙い通りパーがとれれば、ひとつのノルマを達成したことになり、気楽な気持ちで苦手ホールに臨むことができる。そうすると、案外苦手ホールでもパーがとれてしまうのがゴルフというわけである。

実際、伊藤プロは、ある女子ジュニアの試合で、教え子にこんなアドバイスをしたことがあるという。教え子というのは、大学2年のときに日本女子アマをとり、現在はプロゴルファーになっている綾田紘子。当時、彼女はまだ高校生だった。

その試合が行われたのは、霞ケ関カンツリー倶楽部の西コース。問題になったのは、7番パー3だった。このホールは距離が200ヤード近い難関のパー3で、試合ではかならずといっていいほど何組か詰まってしまう。難しいうえに待たされるから、ボギーになる確率がひじょうに高いホールだ。

ということは、その前の6番ホール（パー5）は是が非でもパーをとっておきたい。6番は二打でグリーンの手前くらいまでは行く、一見するとやさしそうなパー5だ。しかし、ところどころに後述するような罠がある。では、どうすればこのホールを確実にパーで上がれるか？伊藤プロが綾田紘子に授けた作戦は次のようなものだった。

このホールのティーショットの狙い目は、フェアウエイ左にあるバンカーの右サイドだ。ただし、ドライバーで左にひっかけてしまうと、彼女の飛距離では左のバンカー先端のアゴにつき、出すだけになる危険性があった。たとえバンカーに入らなかったとしても、二打目をグリーン手前60ヤード付近にある〝絶対に入れてはいけないバンカー〟に入れてしまってはパーが難しくなる。かといって、そのバンカーを避けようと左に逃げると、ラフに入りやすく、付近に点在する小さな木がグリーンを狙うにはスタイミーになりやすい。やさしそうに見えて、じつはあちこちに罠が待ち受けているのがこの6番ホールなのだ。

そこでティーショットは、左は狙うがバンカーには届かないようスプーンで打つ。二打目は絶対にグリーン手前のバンカーだけには入れないよう、たとえグリーンまで150ヤード残ったとしてもアイアンで刻んでフェアウエイに置いておく。そして、そこからグリーンを狙う――。つまり、二度にわたって刻むという作戦である。

綾田紘子は狙い通りに攻めてパーをとった。そして、目論見通り、難関の7番もパーで切り抜けた。ちなみに、彼女といっしょに回っていた選手（この選手ものちにプロゴルファーになった）は、彼女が6番での二打目をアイアンで刻んだのを見てびっくりしたような顔をしていたという。しかし、その選手は6番の罠にはまってボギー。次の7番もボギーで、それ以降ガタガタと崩れていったという。

「6番でボギーを叩くと、7番ではかならず待たされますから、いろいろ考えちゃうんです。そうするとまたボギーがくる。だから、あの2ホールはセットとして考えたほうがいい。ただし、どちらもバーディーはいらない。その代わり連続ボギーだけは絶対に避ける。いかにこの2ホールを静かに通過していくか。それができればいい流れになるんです」

　この話を聞いて、私はホームコースの14番から16番を思い浮かべた。15番は打ち上げを入れるとバックティーからは実質的には５００ヤード近くある長いパー4、16番は打ち下ろしのこれまた長いパー4で、ティーショットがうまくいっても二打目が左足下がりの爪先上がりという複雑なライになりやすい難度の高いホールだ。シングルでも、この2ホールをともにパーで切り抜けるのは難しく、「1オーバーならよしとする」のがふつうだろう。

　ということは、その前の14番だけは絶対にパーをとっておかなければならないということ。ところが、この打ち下ろしで距離の短いパー4が曲者《くせもの》で、これまで何回右に曲げてOBを打ったことか。かといって、右をイヤがって左にひっかけるとそこは林、曲がりが大きいと隣の15番で、フェアウエイに戻すだけでもひと苦労する。

結局、14番でOBやボギーを叩くと、15番、16番は心理的にさらなる難ホールとなり、3ホールで4オーバー、5オーバーのような大叩きになることも珍しくない。つまり、ホームコースの14～16番は、当クラブの〝アーメンコーナー〟といえばいいか。だから、神のご加護があって（？）14番で簡単にパーがとれると、15番、16番の2ホールも1オーバーくらいで通過できることが多い。そして、こんなときはたいていこのハーフを30台で回ってくることができるのだ。

14番をパーで上がるためには、とにかくティーショットを曲げないことに尽きる。そのためにはスプーンという選択肢も十分にありうるのだが、なぜか私はいまだかつてこのホールでスプーンを使ったことがない。この稿を書きながら、攻め方を考え直すべきかと思案し始めたところだ。

〝今日の飛距離〟〝今日の真っ直ぐ〟に合わせる

「小泉ちゃん、最近調子どう？」

朝のロッカールームで、仲間が挨拶代わりのように訊ねてくる。

こんなときの私の答えは、いつも同じだ。

「やってみないとわかりませーん。なんせあたくしのゴルフは日替わり弁当ですから」

そうすると、返ってくる言葉もたいてい決まっている。

「おれだってそうだよ。ま、おれたちは所詮アマチュアゴルファーだからね、仕方ないってことで」

挨拶代わりではあっても、本音の会話である。「やってみなければわからない」。いや、ホントのことをいえば〝日替わり弁当〟だとはいっても、どんなメニューになるのかは、弁当をつくっている当人にも終わってみないとわからないのが、われわれのゴルフなのだ（圧倒的に多いのは、いちばん安いAランチか）。

ところが、ゴルフの内容やスコアが日替わり弁当なのは、プロゴルファーだって同じだと伊藤プロは言う。

「いや、ぼくなんか久しぶりに80を切った次のラウンドで、平気で90叩いたりするんですからねえ」と私。

「私だって、67の次の日に77叩いたことがありますよ。たしかにトーナメントで優勝するような選手は、4日間とも60台とか、1日だけ73とかいうスコアで回ってきますが、もっと下の予選落ちしたような選手のスコアボードを見てごらんなさい。『70、79』とか『80、70』なんてザラですから」と伊藤プロ。

そう言われて、ネットで確認してみると、たしかにそうなのである。プロでも、十打くらいの日替わり弁当は珍しくないのだ。まあ、それだけゴルフというのは、その日の体調や天気、心のもちようで大きくスコアが変わってしまうということなのだろう。

私たちでも、べつに体調が悪いという自覚はないのに、なぜか飛ばないという日がある。いつもは7番アイアンで届くはずのパー3が、そこそこ芯を食っているのに花道で止まってしまったり。最初は、風のせいかと思うのだが、どう見ても無風。「おかしい」と思うと、もういけない。次のショットは力んで、曲げたり、どダフリしてしまったりするのだ。

飛距離だけではなく、球筋もラウンドによって違ってくることがある。持ち球はドローなのに、その日はなぜかスライスばかりとか、ドローがフックになってばかりとか。

「もちろん、飛ばなかったり、曲がったりするのはスイングに原因がある。ふだんより飛ばないのは身体の切れや締まりが悪かったり。いつも以上にドローの曲がり幅が大きいのは、ボールを捕まえようとしすぎてスイングプレーンがインサイドアウトになりすぎていたり、無意識のうちに手首を返していたり。だから、原因がそういう技術的なことであるなら、できるだけ早くその原因を見つけて対処する。しかし、原因がわからないのなら、もうその日の犯人探しは諦めて、飛ばないなりのゴルフ、曲がるなりのゴルフをすればいい。つまり、『左にいくのが今日の真っ直ぐ』だと思って、ターゲットを実際より右にとるのです」

意外にやっかいなのは、曲がりはしないが、**飛ばない日で、こういう日も早く「今日の飛距**

離」を見つけて、クラブの番手を上げるなりして対処したほうがいいと伊藤プロは言う。

「いつもは7番のところを6番で打つというのは、けっこう勇気がいるものですが、こんなときは〝大きいなら大きいで仕方がない〟と思って打つことです。そして、オーバーしたら、『いつもの距離に戻った』と思えばいい。ロボットじゃなく、人間がやってるんだから、そういう日もあると」

どうせ日替わり弁当である以上、早く〝本日の弁当の中身〟を知って、その食べ方を考えたほうがいいということだろう。フランス料理のフルコースを食べにいったつもりが、出てきたのが牛丼なら、箸が必要になる。それをナイフとフォークで食べようとするのは、やはり無理があるのである。

試合には「構えは絶対、心はアバウト」で臨むべし

練習ではできることが、実際のラウンドではできない。これがゴルフだ。

いや、ゴルフに限らず、あらゆるスポーツはそうしたものだと思うのだが、実際のラウンドでも、とくにクラチャンや「勝ちたい」という思い入れの強い試合になればなるほど、練習ではできることができなくなる。

思い入れの強い試合では、誰でも「勝ちたい」「いいスコアで回りたい」という気持ちが強

くなるから、もうそれだけでふだんとは違う心理状態になっている。心のありようがふだんと違えば、スイングもふだん通りにはできなくなるのも道理というべきか。トーナメントで何勝もしているプロは、よく「勝ち方を知っている」といわれるが、これは「ふだんと違う心理状態になったときの対処法を知っている」という意味でもある。そして、なかには、「ふだんと違う心理状態」を利用して、爆発的なスコアを出す選手もいる。いわゆる「ゾーンに入る」というあれである。

「ゾーンに入る」とまではいかなくても、大きな試合でふだん通りのゴルフができるためにはどうすればいいか？　伊藤プロには、こんな経験がある。

伊藤プロがまだアマチュアで、いよいよプロテストを受けるというとき、彼は1981年のフジサンケイクラシックで優勝したこともある大先輩の川田時志春プロから、こんなアドバイスを受けたという。

オマエな、ふだんなら狙ったところにちゃんと打てるだろ。それがプロテストだとできなくなるんだよ。ただ、狙ったところに打つためには、構えが大切なのは、ふだんのラウンドだろうがプロテストだろうが同じだ。だから、とにかくアドレスに入るまでに「絶対にあそこに打つぞ」って決めたら、正しく構えることだけに集中しろ。そして「これでダメならしょうがない」という気持ちでテイクバックしろ。

パッティングも同じだ。ぐーっと集中して、「これでダメならしょうがない」と覚悟すると、その瞬間にふっと肩の力が抜けて、手がスムーズに動くから。

この言葉を聞いた伊藤プロ（当時はまだアマチュアだが）は、「集中する↓ダメならしょうがない」のパターンで、ショットもパットも絶好調に。難なくプロテストに合格することができたという。

「構えは絶対、心はアバウト」というのは、そんな経験から伊藤プロがつかんだ実戦的なラウンド術といえるだろうか。

「鳥が飛び立つ瞬間をカメラで撮影しようとしていて、格好のターゲットを見つけたとします。アングルを決めて、ピントを合わせて、露出も調節して、さあ、あとはシャッターを押すだけという状態が、ゴルフでいえば構え、つまりセットアップです。ところが息をひそめてシャッターチャンスを狙っていると、急にどこかで大きな音がして鳥に逃げられてしまうこともある。しかし、それは『しょうがない』。もう1回、準備をし直してから、チャンスを待つしかない。ゴルフもそれと同じ。一打一打、そのくり返しなんですよ」

構えはナイスショットするための絶対条件だから、〝手抜き〟は一切できない。しかし、いったん構えが決まれば、あとはイメージしたボールが打てるはずと信じてスイングするだけ。それでダメならしょうがないのだ。たとえば左足だけバンカーに入れないと打てないようなライからスイングしなければならないとき、プロはどういう構えで打つか、あれこれ体勢を変えながら素振りをくり返す。そして、これだという構えができると、あとはためらうことなくクラブを振る。難しいライだから、ミスするかもしれない。しかし、自分なりにこの構えなら打てると決めたのだから、ミスしてもそれは「しょうがない」のだ。

翻って、私をはじめとするアマチュアゴルファーの多くは、セットアップにそこまで集中することはせず、ただただいい結果だけを求めているのではないか。そして、ミスショットしては「バカ」だの「下手クソ」だのと自分を罵る。そんなときの私たちは、「構えはアバウトで、結果は絶対」とでもいえばいいか。しかし、**構えがアバウトなら、結果はそれこそ絶対に悪くなる。絶対であるべきなのは構えで、結果はそれについてくると思っていればいい。心はもっとアバウトでいい**のだ。

というわけで、話は2章で述べたセットアップの重要性に戻ってしまうのだが、読者には、それくらいセットアップが重要であると再確認していただきたいのである。

試合で大切なのは「決める」こと

丸山茂樹の元キャディとして知られるプロキャディの杉澤伸章さんが、テレビのゴルフ中継の解説でこんなことを言っていたことがある。

たとえばパー3で、先にティーショットを打った選手のボールがスライスして池に入ったとする。こういうとき、次に打つ選手は無意識にせよ、前の選手のミスショットの影響を受けやすい。自分もフェードで攻めようと思っていたところ、前の選手のボールがスライスしすぎて池に入ると、イヤな感じがしてしまうのだ。こんなとき、キャディの杉澤さんは、選手にあらためて攻め方を訊ねるという。「フェードでピンを狙う」と言うか「やっぱり安全にピンの左を狙う」と言うか、選手の答えはどちらでもいい。ここでのポイントは、攻め方を実際に選手に言わせることで、選手の心に生じかけている迷いを断たせることにある。狙いや攻め方が曖昧だったり、迷いがあったりすると、十中八九、ミスショットになる。しかし、自分で「決めたこと」を口にすれば迷いが吹っ切れる。キャディは、そうした選手の心理を先回りして手を打たなければならないという話である。

この話を聞いて、私は伊藤プロが日頃からよく言う「決める」ことの大切さをあらためて痛感してしまった。

「ゴルフは、一打一打、何をどうしたいのか『決める』ことがとても大切です。まず、狙いどころ、球筋を『決める』。そうすれば、自ずと何に注意をしながらスイングすればいいかも

『決まる』。あとは、その『決めた』ことを迷わず実行すること。そして、それでダメならしょうがないと思うこと。

ところが、シングルになれない人というのは、そのあたりがひじょうに曖昧なのです。ミスショットした生徒に、私が『いま、何をしたかったの？』と訊ねると、ピンやフェアウエイの真ん中を指さして、『あそこに向かって真っ直ぐ飛ばしたかった』と答える人のなんと多いことか。『真っ直ぐ』だけでは、『決めた』ことにはならない。仮に、そういうゴルファーが思い通り真っ直ぐ飛ばすことができたとしても、ショートして手前の難しいバンカーに入ったり、グリーンをオーバーして難しいアプローチが残ったりする。狙いどころは、自分の距離も知ったうえで、球筋や風も計算に入れて決めなければならないのです」

ショットもパットも自分なりに「決めて」打てば、その通りにいかなかった場合、「もう少しこうすべきだったか」という具体的な反省が生まれ、次にその反省を生かしてうまくいけば、「ああこうやればいいんだ」という発見が生まれる。

その点、ただ「真っ直ぐ飛ばしたい」「カップインさせたい」と考える人は、失敗しても「どうすれば真っ直ぐ飛ぶのか」「どうすればカップインするか」ということしか考えない。これは、一見すると当たり前の話のように思われるかもしれないが、失敗と成功の間には、じつはいろいろな段階があり、その段階を踏まないとほんとうの成功にはたどりつけない。「どうすれば真っ直ぐ飛ぶのか」「どうすればカップインするか」ということしか考えない人は、その段階を飛ばそうとしているわけで、これではいつまでたっても進歩しないのだ。

また、シングルになると、試合では右が浅いOBだったりすると、「絶対に右にだけは行かない打ち方」をすることが多い。これも「決める」ことのひとつだし、パッティングで「入れ頃、外し頃の上りのパットは絶対にショートしない」と決心するのも「決める」ことだ。**試合での一打一打を「決める」ためには、やはり日頃の練習でも一球一球「決めて」打つことが大切だろう。**マットの線通りに構え、真っ直ぐ飛べばOKというのでは、「決めた」ことにはならない。それでは、いつまでたってもシングルにはなれないのである。

試合では一打ごとに「給油」せよ

3メートルの下りのパット。出だしはフックして、最後はスライスしそうな難しいラインだ。慎重にラインを読み、タッチをイメージする。これが1ストロークを争うような試合の終盤なら、集中力は極限にまで高まるはずだ。すべてが決まり、アドレスに入る。そしてターゲットを確認して、パターを引く。

ストロークもタッチも完璧。ボールはイメージした通りのラインに乗って転がっていく。カップまであと50センチ。「よし入った！」と心のなかでガッツポーズしようとした瞬間、ボールはすっと向きを変えてカップをなめる……。

たいていこんなときである、続けて打った「お先に」を外してしまうのは。

理由は「最初のパットが入らなかったショックを引きずっているから」とよく言われる。しかし、伊藤プロ流に言うと「ガス欠」である。

「最初のパットでガソリン、つまり心のスタミナをすべて使い切ってしまったのです。それくらい集中するのはいいのですが、外れたのなら、次のパットがたとえ50センチでも、それを入れるためにはガソリンが必要。といっても、大きく深呼吸するとか、一瞬の間でいいから、自分で『よし給油した』と思えればそれでOK。そして、あらためて一から構えて、ストロークする。給油しないと、セカンドパットはかならず緩みます」

同じことは、アプローチをミスしたときにも起こりやすい。たとえば、アベレージゴルファーは、最初にザックリをやってしまうと、続けて打った二度目のアプローチではトップということがよくある。これも、最初のショットと次のショットまでの間がないことから起きる「ガス欠」が原因というケースが多いのである。

プロゴルファーは、トーナメントの3日目が終わったあとのインタビューで「明日の最終ラウンドの決意を語ってください」と問われると、「目の前の一打一打に集中するだけです」という答え方をすることが多い。それは嘘偽りのない言葉だろうと思う。ゴルフは相手のスコアをコントロールすることはできない。ゴルファーにできることは、やはり目の前の一打一打に最善を尽くすことだけなのだ。

「一打一打に集中する」ということについていえば、あるプロゴルファーがこんなことを言っていたことがある。いわく、1ホールに使える集中力が10あるとすると、もっとも集中力が必要なパットに5、グリーンを狙うショットに3、ティーショットには2くらいの配分が理想だと。

いかにももっともな話に思えて、私は思わず感心してしまったのだが、この話を伊藤プロにすると、彼は言下にその考えを否定した。

「集中力が10あるのなら、すべてのショットやパットに10使うべきです。ティーショットには10のうち2なんて言っていては、狙ったところに打てませんよ。いや、そのちょっとした緩みが全体の流れを壊すことだって十分ありうる。ただし、**ティーショットに10使ったら、かならずセカンドショットを打つまでに、歩きながら給油しておく**。ゴルフには、ちゃんとそのための時間が与えられているんです。給油の方法は、いったんゴルフのことを忘れて、晩飯のメニューのことを考えることでもいいし、ボーッと風景を見ているだけでもいい。もちろん、スポーツドリンクを飲むとか、バナナを食べるというのでもOKです。いちばんいけないのは、前のホールのミスショットやミスパットを思い出して舌打ちをすることで、これでは給油どころか、ただですら減っているガソリンがほんとうにスッカラカンになってしまう」

そういえば、ガソリンスタンドのCMに「♪心も満タンに〜」というのがあったっけ。メンタルがタフであるためには、修養だけでなく栄養や休息も必要なのだ。

シングルに必要な〝我慢〟とは

よく〝我慢のゴルフ〟という。ショットの調子がいまひとつで、なかなかバーディーがこない。そこで、アプローチとパットでパーを拾い続け、オーバーパーにならないよう〝我慢〟する。そんなゴルフだ。

私のようなレベルであれば、なかなかパーがこなくてもボギーで〝我慢〟するということになるだろうか。「ダボだけは打たない」は、すでに述べたようにアマチュアにとってスコアメイクの最大の要諦である。

もうひとつ、ゴルファーに〝我慢〟が必要なのは、悪天候でのラウンドである。2011年のクラチャンの予選が、まさにそれだった。この年から日程が9月から5月に変更されたホームコースのクラチャン。その予選は、台風の接近による土砂降りの雨と強風下でのラウンドだった。プロのトーナメントならサスペンデッドになっても不思議はなかった。しかし、クラブ内の試合は、そう簡単にはスケジュールが変更できない。

午前7時44分。7155ヤード×2ラウンド（36ホール）というタフな戦いが始まった。スタートは10番パー4（442ヤード）。雨と風のせいで、ティーショットは飛ばず、ランも出ない。セカンドドを左に曲げ、三打目は出すだけ。重く濡れたラフからのアプローチも寄らず、しかも3パットで、いきなりトリを叩く。以降、パー、ダボ、ボギーときて、4ホールを終わって早くも6オーバーという最悪のスタートだった。

ところが、14番でカラーからのパットが入ってバーディー。アーメンコーナーの15番もパー、16番はダボになってしまったが、17番パー3でこの日三つ目のパーがくる。これで少しホッとしたのか、18番のパー5では、強烈なアゲンストのなか、1W↓3Wと会心のショットが続く。そして三打目。残り105ヤードと計算して打ったPWのショットはエッジから6ヤードしかないところに切ってあったピンの手前1メートルにつくスーパーショットで、この日ふたつ目のバーディー。42（パット数17）というスコアで前半の前半を終えたのだった。

あとでわかったことだが、この「イン42」というスコアは11位タイで、後半はボギーペースでもギリギリ予選が通過できた。なぜなら、その後、雨はますます強くなり、結局、予選ラウンドは18ホールに短縮されたからである。

しかし、もちろん私はこの時点では自分の順位も競技が短縮されることも知らない。ただ、私が、「この天気で2バーディーは凄い」という同伴競技者のヨイショにかなり気をよくしていたことは事実。そして、「スタートがトリのわりには、我ながらけっこう我慢できた」と思っていたのである。

ところが、トイレ休憩を挟んで出たアウトで、私のゴルフはすっかり様相が変わってしまう。ダボしか出ないのである。それもOBとかではなく、ほとんどが〝素ダボ〟。たしかに雨はますます強くなっており、4枚用意していたグローブはすべてビショビショだし、スパイクのなかもグチョグチョで、グリーンに水が溜まらないのが不思議なほどの降り方ではあったのだが、それにしてもあまりにもひどいゴルフの内容だった。

同伴競技者のなかには、とっくにキレて「こんな天気でもゴルフをやってる自分に呆れる」などと言いながら、ほんとうに笑いながらプレイしている人もいた。

結局、アウトは、ほんとうにダボペースの53というスコアだった。（池ポチャのトリがひとつにダボが7つ、パーはひとつだけ）。ここ数年のラウンドのなかで、ハーフ53というスコアはワーストだった。まあ天気もワーストではあったが、1位が77で、16位が87だったことを思えば、後半は45でもよかったのだ。なのに、なぜ、それができなかったのか……。

風呂場で今日のラウンドを振り返っていると、クラチャンを何度もとっているKさんから話しかけられた。Kさんは、最近の私のスイングを練習場で見ていて、「かなりよくなってきたね」と褒めてくれていた。Kさんに後半ボロボロになったことを伝えると、「どうせ振り回したんでしょ。ダメだよ、こんな日に振り回しちゃ。どうやったって飛ばないんだから、セカンドをそこそこいいとこに置いといて、アプローチとパットで勝負するしかないの。そうすれば、悪くったって45で回れて通過できたじゃない」。そう言うKさんは、しっかり81で回っており、悠々予選を通過していた。

言われた通りだった。同じ組に前年度のクラチャンで、まだ40歳そこそこのT君という飛ばし屋がいて、負けまいと（どうせ勝てっこないのに）力んだせいもあった。しかし、それ以前に、私は「天気に負けまい」としすぎたのではなかったか。歯を食いしばりすぎたのではなかったか。そして、知らぬ間に「ガス欠」になっていたのではないか。

前半の最後にバーディーをとり、気分よく後半に行けるはずが、後半最初の1番のティーショットが曲がって、「あれっ？」となった。二打目はダフって、また「あれっ？」。こうなると、パットも入らなくなってくる。この「あれっ？」は、やがて「おかしい」「どうして」に変化し、さらには「情けない」「呆れる」「何、この天気」「帰りたい」になった。

上がり3ホールでは、歯を食いしばることさえできなかった。ただクラブを振り回して、ホールを消化しているだけ。リズムもクソもあったものではなかった。後半のパット数は22！　不貞腐《ふてくさ》れることだけはしなかったつもりだが、端から見ればガックリと肩が落ちていたはずである。

数日後、このクラチャン予選の話を伊藤プロにしたら、「何事も経験ですよ。小泉さんは、そこまでひどい天気のなかでゴルフをやったことがなかったのだから、仕方がないと思えばいい。ただし、この経験は、次に同じようなコンディションでゴルフをするときには、絶対に生かすことです。悪天候では、やりたくてもやれないことがたくさんある。それをわかったうえで、我慢することです」

そうなのだ。**悪天候のときのラウンドに必要な〝我慢〟とは、「やりたくてもできないことがある」と知って、「やりたいことを我慢する」こと**なのだ。

伊藤プロにそう言われて、私は、もう1回、同じコンディションでラウンドしたくなった。あのときは、こんな天気のときは二度とゴルフはすまい！　と誓ったのに、である。

「そう思えるのなら、シングルになれますよ。悪天候でさんざんなスコアを叩いたあとは、『あんな天気のゴルフは二度とイヤ』という人と『もう一度やってみたい』という人がいるものですが、とくに競技ゴルフでは、『もう一度やってみたい』と思える人はうまくなる。うまくなるためには、悔しいという気持ちは絶対に必要。負けず嫌いじゃないと、シングルにはなれないし、競技ゴルフでも上にはいけません」

もともと「体育会系的なるもの」が苦手な私は、「根性論」というものが、はっきりいって大嫌いだった。しかし、いまはこう思っている。根性は我慢するためにこそ必要なのだと。

「すべては自分のせい」と思うこと

２００９年、武蔵カントリークラブ豊岡コースで開催された日本オープンといえば、こんな〝事件〟があったことを記憶している人もいるのではないか。

その事件は最終日の6番パー5で起きた。前のホールまで6アンダーと三日目からの首位をキープしていた石川遼は、このホールの三打目をバンカーに入れてしまった。四打目は、グリーンまでは40ヤードという、プロでもひじょうに難易度の高いバンカーショットだった。テレビ観戦していた私には、石川遼のアドレスに入るまでの時間がいつもより長かったような記憶がある。それだけイメージを出すための時間が必要だったのだろうか。

ようやくアドレスが決まり、クラブを振り上げた次の瞬間だった。石川遼はトップで突然スイングをやめると、顔を上げてギャラリーのほうを向いた。携帯カメラのシャッター音がしたのだ。サングラスをしていたが、厳しい視線を向けているのがわかった。石川遼は、右手で自分の太腿をパチンパチンと二度叩いた。大きな音だった。ボールをしばらく見下ろしていた彼は、何かを吹っ切るようにいったんバンカーを出た。そして、再度一から仕切り直しをして打った。結果はホームランだった。

石川遼は、このホールをダボとし、先行していた小田龍一と同組の今野康晴に並ばれた。そして試合は、最終的にはこの3人によるプレーオフとなり、石川遼はプレーオフ2ホール目で小田龍一に敗れたのである。

「仕切り直ししたあとのバンカーショットがホームランになったのはやむをえません。あれだけ難易度の高いバンカーショットでは、神経を極限にまで集中させる必要がある。まして日本オープンという最高の舞台ですからね。ところが、グーッと集中力を高めていって、よし打てる、となってクラブを振り上げたところでシャッター音がした。――アウトですよ。もう一度、同じように集中しようとしてもできるもんじゃない」

伊藤プロは、ミスするのが当然という顔でそう言った。

試合後のインタビューで、シャッター音について訊かれた石川遼は「悪いことだと知っていてやったのなら悲しいけれど、マナーを知らなかったのならやむをえない」と言った。そして、「今となっては神経質になりすぎていたのかもしれません」と反省の弁さえ口にした。たとえシャッター音に邪魔されたのではなくても、テイクバックしたときに違和感があれば、仕切り直す。あのときも、それと同じような気持ちで仕切り直しできればよかった――。

「私は、彼の話を聞いて鳥肌が立ちました。ゴルフは、すべてが自分のせいです。人のせいにするのは簡単ですが、そうすると人をどうにかしなければならなくなる。しかし、そんなことが不可能である以上、**すべてのミスは自分のなかで処理するしかない。処理することができな**

いとすれば、まだ修業が足らないんです。まあ、私がそう悟ったのは50歳を過ぎてから（笑）。それまで私は、何度、同伴競技者やキャディ、家族のせいにしてきたことか。18歳でそういうことがわかっていた石川遼は、ほんとうに凄いと思う」

ゴルフに〝たられば〟は禁物だが、もしあのシャッター音がなければ、石川遼が18歳で日本オープンに勝つという偉業（最年少優勝記録の達成）をなし遂げた確率はそうとうに高かったと私は思う。しかし、彼はそういう恨み言は言わなかった。恨み言どころか、「呼吸が詰まるくらい難しいプレイが20ホールも続いたからでしょうか、終わったあとに、これほど清々しい気持ちになったのは初めてです」と言ったのだ。

なかには、これを建前だけの優等生的発言だと思う人がいるかもしれない。仮にそうであったとしても、私は、そういう〝キレイゴト〟が言える石川遼は立派だと思う。なぜなら、彼は、本音はどうであれ、キレイゴトを自分に言い聞かせることで、イヤなことを自分のなかで処理しようとしていたと思うからだ。

私が石川遼のショットを初めてこの目で見たのは、彼がプロ宣言をした２００８年の最終戦、東京よみうりカントリークラブで開催された日本シリーズ２日目のラウンドだった。この時期には珍しく南寄りの強風が吹き荒れる悪条件下のラウンドだったが、彼は５００ヤードと距離のある難関の11番ホールで、その日ただひとりバーディーをとった。アゲンストの風のなか、

2番アイアンで打った低い弾道のセカンドショットがピン手前1メートルにピタリと止まるのを見て、私は鳥肌が立った（いまでも、この場面を思い出したり、仲間に話すと鳥肌が立つ）。そして、以来、私は石川遼をほんとうの逸材だと思うようになった。

日本のゴルフ界はいま石川遼におんぶにダッコという状態で、彼は彼でプレッシャーを感じているだろうし、周囲のやっかみや中傷なども相当あるであろうことは十分に想像できる。

まだ20歳の彼は、あまりにも大きなものを背負わされているという気がするのだが、どうかそういうものに負けないで、また天狗にもならないで、誰もが認める才能をもっともっと大きく開花させてほしい。そして、若手ナンバーワンのローリー・マキロイと勝負できるようになってほしいと切に思うのだ。

な、遼くん。おじさんも関東シニアでがんばるからさ。君もがんばれ！

6章 関東シニアに挑戦す

シングルへの最終試験

「80は切ってください。できれば78くらいで回ってほしい。そうすれば、ひょっとするとサプライズが起きるかも」

関東シニアの予選まであと5日。最後のレッスンを終えたあと、伊藤プロから言われた言葉である。

この本の最初に述べたように、関東シニアは、私にとって初めての公式戦というだけでなく、シングルゴルファーになれるかどうかが試される最終試験でもあった。関東シニアの予選通過ラインはコースによって違いはあるものの、例年76〜78くらい。自分でも予選を通るなんてことは夢にも考えていなかったから、もし78で回って決勝に進むナンテことになれば、伊藤プロに言われるまでもなくサプライズには違いなかった。

たしかに3カ月に及んだレッスンのおかげで、自分のスイングが確実によくなりつつあるという確信はあった。伊藤プロの「80は切ってください」という言い方にしても、「オマエなら、ちゃんとやれば80は切れる」という意味だと思いたいところだった。しかし、ことスコアメイクということになると、私のゴルフは相変わらずの〝日替わり弁当〟。やってみないとわからない、というのが本当のところなのだ。

しかも、今回は、その試合の一部始終をこうして読者に伝えなければならない。これは何万というギャラリーが注視するなかでプレイするようなものではないか——というのはあまりにも自意識過剰で、大げさすぎるとしても、少なくとも試合に臨む際に私を襲ったプレッシャーがこれまでの試合とは比較にならないほど大きかったことは、賢明なる読者なら容易に察していただけると思う。とまあ、これはかなりの言い訳だが、ホントに90以上叩いたら、ミットモナクテ、この企画そのものをボツにするしかないと真剣に考えたほどだった。

予選会場の青梅ゴルフ倶楽部を初めてラウンドしたのは、試合の3週間ほど前だった。ホームコースの先輩・Kさん（私のホームコースだけでなく、じつは青梅ゴルフ倶楽部のメンバーでもあり、両クラブのクラチャンを何度もとっている名手）と、やはり初めてこのコースを回るホームコースの仲間ふたりとのラウンドだった。Kさんにコース攻略法——ひと言でいえばグリーンオーバーやグリーンの奥につけるのは禁物。手前から攻めろということ——を伝授されながらのラウンドのスコアは84。ロストボールがあったことも含めて、ま、フツーである。

次にラウンドしたのは試合の1週間前で、このときは伊藤プロにいっしょに回ってもらった。じつは青梅ゴルフ倶楽部は8月下旬に開かれる日本シニアオープンの予選会場でもあり、その試合に出場を予定していた伊藤プロは「小泉さんといっしょに練ランできるから」というわけで、あえてこのコースにエントリーしてくれたのである。

で、このときのスコアは83。池ポチャがあったことも含めて、これまたフツーというしかないラウンドだった。伊藤プロは、私のスイングについても、スコアについても何も言わなかった。この期《ご》に及んでジタバタしても仕方がない、ということなのだろう。言われたのは、「構えは絶対、心はアバウト」を忘れないように、ということだけだった。

とはいえ、すべてはスコアで決まる。2回の練習ラウンドでもロストボールや池ポチャがなければ、あるいは両方とも80くらいで回れたかもしれないが、そういう大チョンボを1ラウンドで一度や二度はやらかしてしまうのが私のゴルフだ。現状では「本番を78で回るのはとても無理」と考えるのが妥当な見方といえた。

トップアマと回った最後の練ラン

ところが、それから3日後（試合の4日前）、最後の練ランにひとりで出かけたときに、「ひょっとすると……」という気になったのだから、まさしく私のゴルフは日替わり弁当というほかない。

その日は、仲のよい3人組（Aさん、Bさん、Cさんとしておく）に私がひとり入れてもらうという組み合わせだった。東の1番は、幸先よくパー。2番のパー5でバーディーをとり、私がオナーになった。ここまで最年長のAさんはボギー、バーディーでイーブン。飛ばし屋の

Bさんもボギー、バーディーでイーブン。Cさんはパー、パーでやはりイーブン。で、3番は全員パー。私としては上々のスタートである。ほかの3人にしても、スイングはまとまっているし、難しいライからも当たり前のようにパーをとってくる。

やはり、関東シニアに出てくるようなゴルファーはみなうまい。その思いが、「こりゃ、ホントにうまいんだ」となったのは、次の4番のパー5でAさんとBさんが、またもやバーディーをとったときだった。その後も、ふたりはもうひとつバーディーを重ね、前半が終わったときのスコアは、私が39（6番での3パットをきっかけに、上がり4ホールを連続ボギーにしてしまった）。対して、Aさんは3バーディー、1ボギーの34（！）、Bさんは3バーディー、3ボギーの36、距離がそう出るわけでもなく（失礼）、むしろ変則スイングに見えたCさんにしても、アプローチのミスと3パットが重なったダボが1回のみの38というスコアだった。とにかくみな曲がらない。じつにゴルフが簡単に見えるのである。

「この人たちはタダ者ではない」

後半の西コースに入ってホールを重ねるごとに、私はそう確信していた。終わってみれば、あの3人ときたら、後半でボギーを叩いたのは全員でたったの5つ。さらにAさんはバーディーをもうひとつとり、後半は36でトータル70の2アンダー！　Bさんは73、Cさんは後半バーディーをひとつとり76。私はといえば、パー3でバーディーがひとつあったものの、3つのボギーと最終ホールでのダボがあり、後半は40。トータル79という結果だった。

まあ、彼ら3人からすれば、私は※（コメ。倶楽部対抗でチームのワーストスコアを叩き、チーム成績に関与できなかったゴルファーのこと）のような存在だったはずだが、本人としてはそれなりの手応えを感じていた。私のレベルでは、どんなコースであれ70台で回ることは上出来の部類なのだから。

6536ヤードと短いセッティング。たしかにホームコースと比べれば、一打目の落とし場所はぐっと狭くなるけれど、大きく曲がらない限り、私の飛距離からすると二打目はショートアイアンかウェッジというホールが多い。グリーンは小さくて砲台というホールが多いから、問題は二打目の距離感。ここでピンの手前につければ、グリーンが小さいだけに即バーディーチャンスになる。だから、ダボやトリがきても、諦めてはいけない！　ハマれば3つくらいはバーディーがとれる。80を切る可能性は練ランの結果がそうだったように3回に1回。つまり33パーセントくらいはある。ということは、78で回る可能性も20パーセントくらいはあるのではないか……というのが最後の練ランを終えたときの私の皮算用だった。

考えてみれば、シングルゴルファーたるもの、3回に1回くらいは70台で回ってしかるべきだろう（これが3回に2回ならハンデ5～6、つねに70台ならハンデ3以下という腕前だろうか）。関東シニアに出てくるようなゴルファーは、ほとんどがシングルだろうから、トップクラスを除けばみな80を切ることを目標にしているはず。そして、あわよくば78、77、76とストロークを縮めて予選通過を狙っている。それでも、実際は半数、いや3分の2以上のゴルファーが80以上叩いてしまう。それが公式競技というものなのだ。

ちなみに、最後の練ランを終えた日、帰宅してネットで今日いっしょに回った御三方を検索してみたところ、Aさんは埼玉県の県アマを何度もとり、日本シニアでも10位台に入ったことのあるトップアマ、Bさんは2010年の関東シニア予選をトップ通過した若手（といってもあくまでシニアにおける若手だが）のホープ、Cさんもホームコースでは倶楽部対抗の常連選手という技巧派であることが判明。つまり、彼ら3人は、80を切ることなど当然というトップクラスの面々だったのである（いいゴルフを見せていただいて、ほんとうに勉強になりました。感謝しております！）。

直前の試合で88を叩く

試合4日前にして芽生えたほのかな自信。しかし、日替わり弁当の悲しさというべきか、その自信は、その2日後にホームコースで行われたキャプテン杯予選で、もろくも崩れそうになる。キャプテン杯はコースによってはスクラッチ選手権という名称で開催されている試合で、私のコースでは、予選のスコア上位16名が翌週の準決勝ラウンドに進める。ここで、予選とのトータルスコア上位8人が3週目の決勝ラウンドに進み、3ラウンドの合計スコアで優勝者が決まる。

当初、私はこの試合に出場するかどうか迷っていた。金曜日に最後の練ランがあり、中1日でキャプテン杯、さらに中1日で本番というのは、ちょっと強行スケジュールすぎはしないかと思ったからだ。

伊藤プロに相談すると、中1日あれば（そのトシでも）疲れはとれるはずだから大丈夫と言う。「ただし、キャプテン杯が土砂降りなら欠場したほうがいいでしょう。ひどいコンディションでラウンドするとスイングがおかしくなって、元に戻るのに時間がかかりますから」。

ところがというか、幸いというか、当日は曇り。この時期としては気温も低めで、棄権などできようはずのない絶好のコンディションだった。

クラブの3大競技だからそれなりの緊張感があるとはいえ、同伴競技者は全員よく知っている人たちだし、関東シニアの練ランのつもりだし（そのわりにはこちらは7155ヤードと距離が違いすぎるが）、よってリラックスしてできるはずだから、案外いいスコアが出て予選通過できるんじゃない？　ナンテ虫のいいこと考えながらのスタートだった。

ところが、またやってしまいました。スタートホールの1番で、三打目のアプローチがシャンクして右の崖下へ。ボールは木の根元にあり、なんとか打てるところまで戻したものの、5

オン2パットのトリ！　1カ月前のクラチャン予選もスタートホールはトリ。いったい私は、何度出だしでつまずけば懲りるのだろうと、ほとほと自分に呆れるようなスタートを切ってしまったのである。

それでも、「**ダボやトリがスタートホールでよかった**」という師匠の教えを思い出し、2番、3番とパーを重ねたのだが、7番ホールでは、二打目のダウンスイングに入ろうとした瞬間に羽音がうるさい虫が右膝に止まりやがって、ボールは池に。このホールもトリとして、結局前半は45。この時点で今年のキャプテン杯は終わったも同然だった。

後半は、①11番でドライバーが本イチの当たりで、二打目をPWでピン下2メートルにつける、②14番では140ヤードのバンカーショットを8番アイアンでピン横50センチにつける、という会心のバーディーがふたつあったものの、最終18番で二打目の5Wが飛びすぎてまたもや池ポチャのトリを叩くなどして、43。トリが都合3回のトータル88で、予選通過ラインに五打も足りないという有様だった。「おいおいおい、こんなんで大丈夫なのかよ」と私が自分を呪ったことは言うまでもない。

ラウンド後、風呂場でナオさんに会った。湯船に浸かりながら、最終ホールで5Wで刻んだつもりが池に入れたことを言うと、「バッカじゃないの」と呆れられてしまった。「オマエはまだほんとうの〝自分の距離〟を知らない、それでは正しいコースマネジメントなどできるはずがない」という意味の「バッカ」だった。

そんな「バッカ」が、初めて公式競技に出場するときはどんな心構えで臨めばいいのか、ナオさんに問うた。彼は、これまで関東シニアでは何度か決勝ラウンドに進んでいたし、最近では日本グランドシニアという全国レベルの試合経験もある。ナオさんは、両手で顔をツルッと拭うと、素っ気なく言った。「ふだん通りやるこったよ」。

着替えをすませて、ロビーに貼り出されているキャプテン杯のスコアボードを見ていたら、昨年の関東シニアで悠々予選通過したK2さんがいた。彼に一昨日の練ランの話をすると、「Aさんは埼玉ではトップの、知る人ぞ知るゴルファーですよ。その人と回ったんなら、もうそれ以上うまい人はいないから大丈夫」と変な慰め方をされてしまった。

「でも、ぼくは、こう見えても超アガリ症でして。スタートホールでは、きっと脚が震えるんでしょうね」

「そんなんじゃダメ。自分がいちばんうまいと思ってラウンドしなきゃ、いいスコアなんて絶対出ない」とK2さん。

「でも、〝自分がいちばんうまい〟と思うためには、それなりの根拠がいるわけで……」と内心思いながら、「まあ、ふたつバーディーをとったことを自信の根拠にするしかないか」と私は自分を慰めたのだった。

決戦前夜の心得

翌日は、練習はやめて、仕事をするつもりだった。が、仕事が手につかない。いや、考えてみれば、ここ数週間、きちんと丸一日仕事をした日は一日もないのだ。まあふだんから、自宅から200ヤードのところにある練習場（私は〝スープの冷めない距離〟ならぬ〝スプーンで届く距離〟と言っている）に週に3回は通っている私だが（自宅で仕事をする身としては、コースにいくか練習をするかくらいしか身体を動かす機会がないのだ）、ここ数週間は伊藤プロのレッスンや青梅での練ランなど、ゴルフ漬けの日々が続き、むしろ疲れがたまっていると感じるほどだった。

だから、試合前日は練習しないで、しっかり仕事でもやろうと思ったのだが、結局、私にはまだそれほどの度胸がなかったということなのだろう。ギリギリまで実際にボールを打ってみないことには、「ボールにちゃんと当たるのか」不安なのである。

それでも、出かけた練習場ではドライバーを5球程度にとどめて、アプローチを中心に2カゴでやめた。幸い、ドライバーは真っ直ぐ飛んでくれた（というか、真っ直ぐ飛んでくれているうちに打つのをやめた）。〝お守り〟に決めたアプローチは、このところのいい感じがキープできている。

ひと安心して帰宅した。が、やはり仕事が手につかない。おもむろに青梅ゴルフ倶楽部のコースガイドをめくってみる。さすがに短期間で3回もラウンドしたコースだから、コースのレイアウトも打ってはいけないところもだいたい頭に入っている。

東の1番。打ち下ろしのスタートホールに立っている自分をイメージしてみる……とヤバイ！　それだけでちょっとドキドキしている自分がいるではないか。なんという蚤《のみ》の心臓。

気分を変えようと、新品のタイトリストV1xを2スリーブ取り出し、黒マジックでラインを引き、青マジックで「Titleist」のロゴの上に丸印をひとつつける。「頼むぞ、真っ直ぐ飛んでくれよ」と願いを込めながら。

夜は、いつものようにビールの500㎖缶と350㎖缶を各1本飲みながら晩飯を食べた。この日だけ禁酒することに意味があるとは思えなかった。ふだん通りでいいのだ。メニューはトンカツだった。まさか当方のゴルフになどほとんど関心を示さない家内が、ゲンをかついだわけでもなかろうに。

風呂は、ふだんはカラスの行水だが、この日は下の娘にならい、ぬるめのお湯に半身浴で20分も浸かっていた。そのほうが美容だけでなく、疲労回復にもいいということを思い出したからだ。目を閉じると、また青梅のスタートホールが浮かんできた。真ん中に松があって、その左がベスポジである。そこに向かって、軽くドローしながらゆっくり落下していくボールをイメージした。今度はドキドキしなかった。こうして、頭のなかでハーフを回り終える頃には全身にじんわりと汗が浮かんでおり、シャワーを浴び直して風呂から出た。

パンツとTシャツに着替えたところで、白ワインに氷を入れて、水でちょっと薄めたのを飲みながら、居間で股関節と腰痛防止のストレッチをした。これもふだん通りである。やがて11時を過ぎた。家族には「今夜だけはお願いだから静かにしてね」との厳命を下し、床についた。

「ゴルフでは、ミスショットもスーパーショットも、起こりうることをすべて想定しておくことです。そうすれば、何が起こっても慌てない。ゴルフでは絶対に慌てても、焦ってもいけません」

最後のレッスンで師匠が言った言葉がふと浮かんでくる。

さて、明日、私のゴルフには何が起こるのだろう……ま、なるようになるさ、などと考えているうちに、すぐに眠りに落ちた。寝つきがよかったのは、ひとつだけふだんとは違ったこと、つまり半身浴をしたせいかもしれない。だとすれば、これは習慣化したほうがよさそうである。

スタート前の2時間をどう過ごすか

目が覚めるとまだ4時だった。スタート時刻は10時近い。いくらなんでもこんな時間に起き出しては、時間をもてあましてしまう。トイレに行って、もうひと眠りしようとする。ふだんならまず眠れないところだが、これが眠れたのだから、我ながら不思議というしかない。ゴルフの前夜にこんなにちゃんと眠れたのはほんとうに久しぶりでうれしかったが、これでもう「寝不足」という言い訳がひとつできなくなったなと思ったのは、やはり私が気弱だからだろう。

6時に起きて、ネットで青梅ゴルフ倶楽部の天気をチェックする。予想最高気温は32度で、おおむね晴れだが、午後ひょっとすると雷雨があるかもしれないという予報だった。ホームコースより2度ほど低いから、まあ暑さは平気だろう。台所に下りて、保温用のマグカップにコーヒーをいれ、クエン酸が主体のスポーツドリンクも用意する。さっきからずっと尻尾《しっぽ》を振ってこっちを見ているノア（トイ・プードルのオス・生後3カ月半）の頭を撫ぜ、「パパ、がんばってくるからな」と声をかけて6時半に家を出た。

コースまでは青梅街道〜新青梅街道を真っ直ぐ西に進めばいい。この時間帯なら1時間ちょっとで到着するはずだが、先日の練習ラウンドに向かう途中で見つけておいたマクドナルドで朝食をとる予定だから早すぎるということはない。予定通り50分ほどで青梅市内に入り、コースまで5キロほどの店で朝マックする。

7時50分、コース到着。受付で自分の名前が刻印されたネームタグを受け取る。予選を通れば、「qualify」の文字が刻まれた別のタグがもらえるのだと思うと、ちょっとわくわくする。

スタートまでまだ2時間もあったが、すべてをゆっくりこなせば、2時間などあっという間に過ぎてしまうはずだ。

短パンに着替え、ハイソックスを取り出す。ふだんはショートソックスだが、注意事項にショートソックス不可とあっただからだ。しかし、スポーツですね毛を見せることがそんなにマナーに反することなのか、この酷暑の日本のゴルフコースで、なぜハイソックスを強要されなければならないのか、と心の中でブツブツ文句を言いながらハイソックスをはく。

すべての支度が終わったところで、風呂場に向かい、誰もいない脱衣場にバスタオルを1枚広げ、ゆっくりストレッチをする。これは伊藤プロのアドバイスによる。

じつは、この日のスタートがひじょうに遅いので、コース近辺の練習場でウォーミングアップをしたほうがいいのではないかと、伊藤プロに相談したのだ。試合当日のスタート前の練習はボール1箱と決まっているし、練習場が狭いためこの日はウッドが使えないことになっていた。実際にボールを打ってみないとその日の調子がつかめない私としては、練習ボールが1箱しかなく、しかもドライバーが打てないというのでは不安で仕方がなかったのだ。

しかし、伊藤プロは、別の練習場に行くくらいなら、コースの風呂場でストレッチでもしていたほうがずっといいと言った。「**朝の練習で、アレッなんて思ったら、コースではちゃんとスイングできなくなる。**まして、あなたのような頭デッカチのゴルファーは、考えなくてもい

いことが増えるだけです。1箱打つにしても、結果は気にせず、あくまで準備体操くらいのつもりで」。

なるほど。師匠はちゃんと弟子の性格まで見抜いているのだ。

20分ほどかけてストレッチを終える。まだ時間はたっぷりあったので、練習の前にグリップを拭くことにする。そういえば、ホームコースのOプロが、「アマチュアの人は道具にこだわるわりには手入れがいい加減」と言っていたっけ。ストレッチをやるのもグリップをきれいにするのもふだんはやらないことだが、やってみると、この余裕は悪いものではないと思えてくる。けっこう気持ちが落ち着いてくるのだ。

グリップを拭き終え、練習グリーンに向かう。いつもならパットの練習は、練習場でアプローチとショットの練習をすませてから、ということになるのだが、時間もあるし、タイガー・ウッズもそうしているということから、パットの練習を2回に分けることにしたのだ。タイガーによれば、最初の練習では、10メートルくらいのロングパットを何回も打って、その日のグリーンの速さをつかむ。で、ショットの練習を挟んでの2回目のパット練習では、ショートパットの練習をしてカップインの感覚をつかみ、しかるのちにスタートホールに向かうというのだ。

というわけで、最初はなるべく平らなところを選び、10メートルを転がしてみる。思った通り速い。キャディマスター室の前にある表示では、グリーンの速さは9・5フィートということになっていたが（練ランでは3回とも8・5フィートだった）、私には、速いグリーンが久しぶりのせいか、10〜10・5フィートくらいに感じられた。ただ、上りのラインはそうでもなく、これは朝方に降った雨の影響かもしれない。しだいにタッチが合ってくる。速すぎず遅すぎず、自分にはちょうどいい速さのグリーンだと思うことにした。

練習グリーンでは、先日の練ランでいっしょだったAさんとCさんにも会い、挨拶をする。「先日は、こんなにすごい方だとは存じませんで失礼しました。素晴らしいゴルフを見せていただき、ありがとうございました」「いやいや、どうも。小泉さんもがんばってください」。知らない顔ばかりの試合で顔見知りの人と出会い、挨拶ができるというのは、じつに心強いものであることを実感する。

10分ほどで1回目のパットの練習を終え、喫煙所で一服する。スタートホールのティーグラウンドはすぐ先にあり、名前を呼ばれた選手たちがスコアカードをもらって次々にティーオフしていく。ぼんやり見ていると、一組にひとりくらいはけっこう曲げる人がいて、ちょっと安心する。いや、他人の不幸を喜んでいるのではない。「うまい人でもミスをする」と思えば、自分がミスするのも当たり前だと思える。小心者の私としては、そうやって少しでも不安を和らげようと必死なのである。

練習場では、貴重な1箱を何度も素振りをしながら時間をかけて打った。いつものように、SWを何も考えずに5球（だいたい50ヤード）。次は1球ずつ距離と狙いを変えて5球。今回はウッドが使えないので、以下、9番アイアン↓7番アイアン↓4番アイアンを各4球。そして、最後にもう一度SWを3球打って、都合25球のショット練習を終える。

アイアンは総じてまあまあだった。ただ、やはりウッドを一発も打っていないのが不安だった。そして、この不安はやがて現実のものになってしまうのだ。

シビレとの戦い

ショットの練習のあと、再び喫煙所で一服していると、同じホームコースの仲間であるIさんがやってきた。練ランもいっしょで、1年前に私を「来年はいっしょに関東シニアに出よう」と誘ったあの人である。彼のスタートは最終組で、これから練習に行くという。相変わらずの笑顔で、ちょっと緊張が解ける。正直な話、このときの私は、Iさんの87というスコアよりひとつでもよければいい、というのが本音であったことをいまここに告白しておく。

やや押していたスタートも、いよいよ2組後というとき、カートの前で初めて同伴競技者のふたりと挨拶をする。ひとりは欠席だった。こういう場合、4人のほうがいいのか、3人のほうがいいのか。結果的には、けっこう待たされることになったから、4人のほうがいいのかもしれない。同伴競技者のひとり（仮にDさんとしておく）は、身長が180センチはあり、肩幅が私の2倍もありそうな立派な体軀《たいく》の持ち主。もうひとり（Eさん）は、Dさんとは正反対の、身長は160センチほどの小柄なゴルファーだった。

話が前後するけれど、この日、私は最良の同伴競技者に恵まれたといっていい。詳しい話は後回しにして、彼らふたりはゴルフの中身もさることながら、人間としてもじつに温かく、そのプレイ振りも尊敬に値するゴルファーだったからだ。

予定より15分ほど遅れて、いよいよスタートの番になった。東1番パー4（428ヤード）のバックティーに設営されたテントで、係員からスコアカードを受け取り、一部変更されたローカルルールの説明を受ける。私のマーカーはEさんで、Dさんのマーカーが私だ。

「それでは、小泉さん、Eさん、Dさんの順でお願いします」

私は「はい」と返事をして、ボールをティーアップしようとした。手が小刻みに震え、ボールが落ちそうになる。想定内ではある。

「よろしくお願いします！」

緊張を振り払うつもりで、できるだけ大きな声で挨拶した。

狙い目は、何回もシミュレーションしたように、フェアウエイ真ん中にある松の右から軽いドロー。ベスポジは松の左のフェアウエイだ。力みだけは絶対に禁物で、チーピンが出てしまえば、左のOBゾーンにボールは消えてしまう。最悪でも右の斜面にボールがあれば、ボギーでは上がれるはずだ。

軽く素振りをして、アドレスに入る。たぶんいつも通りのルーティンはできていたと思う。軽く足踏みをしながら、もう一度ターゲットの松の木を見て、ワッグルをする。両耳の下の頸動脈がドクドクと脈打つのがはっきりと聞こえてくる。

その鼓動を飲み込むつもりで、大きく息を吸って吐く。

構えは絶対、心はアバウト——OK？　OK！

「飛ばそうと思うなよ」と言い聞かせながら、ゆっくりとクラブを引く。

右の股関節に体重が乗ってきて、思わず伸び上がりそうになるところをぐっと我慢する。切り返しでは、慌てないようちょっとだけ間を入れたつもりだった。

そこからは、結果は神のみぞ知る……。

一閃。

インパクトで、例によって少しだけ伸び上がったようなイヤな感じがあった。

「まずい、プッシュアウトか……」

しかし、ボールはイメージした通りに右に飛び出したあと、進行方向を左に変えながら打ち下ろし20ヤードはある谷底に向かってゆっくりと落下し始めた。ただ、やはり少し伸び上がったせいか、思ったほどドローがかかっていない。

ボールは松の右側、カート路左のラフに落下した。まあ結果オーライ。推定飛距離は打ち下ろしを入れると290ヤード近くあり、過去3回の練ランを含めてもっとも距離の出たショットだった。

このときのホッとした気持ちといえば……なんというか、大きな仕事をひとつやり終えたような安堵感に包まれたといえばいいだろうか。フェアウエイを捕らえられなかったという意味ではミスはミスだが、私にしては十分ナイスショットといえた。ほかのふたりは、なんの力みも感じさせないスイングで、いとも簡単にフェアウエイにボールを運んでいた。

二打目、私より50ヤードも後ろからウッドを握ったEさんは花道に運び、20ヤード後ろにいたDさんはアイアンでグリーンを捕らえた。私の残り距離は打ち上げを入れて140ヤードほど。グリーン面は見えない。フライヤーを計算して9番アイアンを抜く。ふっと息を吐いてスイングする。インパクトでラフに負け、少しだけフェイスが返った。ややフックしたボールはかろうじてグリーンにキャリーしたように見えたが、スピンがかからなかったのだろう、行ってみると案の定、グリーン左奥のラフにこぼれていた。

三打目、最初にEさんが花道から、ピン手前3メートルに寄せる。次は私。ライは若干の左足上がり。グリーンエッジまで3ヤード、そこからカップまでは10ヤードほどで、スライスしながら緩く下っていくラインだ。SWでエッジから2ヤードほどのところにふわりと落とせば寄るはず。このところアプローチは好調で、伊藤プロからも自信をもって臨むよう言われている。今回の私の〝お守り〟は、このアプローチと決めている。打ち急がなければ、そこそこ寄りそうなイメージがもてた。

フェイスを少し開き気味にして、緩まないことだけに注意して打つ。ボールはイメージ通りにふわりと上がり、予定した地点に落下した。「よし」とつぶやく。が、そこからは思った以上にグリーンが速く、ボールはカップの下1・5メートルに止まった。でも私としては上出来である。ただし、この1・5メートルを入れれば。

最初にピン奥6メートルから打ったDさんのバーディーパットはカップをオーバーして、私のマークより10センチほどカップ寄りに止まった。やはり奥からは速い。次にEさんが3メートルをしっかり打ってカップイン。「ナイスパー」と声をかける。

次、私。ラインは上りの軽いフック。プロや上級者ならまず外さない美味しいはずのパットだが、過去私は、この手のラインでフックを読みすぎたり、ついカップを見たりして右に抜けるというミスを何度もやらかしている。だから狙いは右フチではなく、カップを外さない程度に右、つまり右フチ中だ。しっかりストロークすれば、仮にフックしなくてもカップインするはずと思い込む。

ボールに描いたラインをカップの右フチ中に合わせ、ボールの後ろに立つ。次に、パターのシャフトを水平にして、利き目である右目でボールに描いたラインの向きを確認する。そして、ボールのラインとパターのフェイスの向きを合わせてスタンスをとる。これが私のルーティンで、これだけは完全に身についている。

ところが、スタンスを決めて、もう一度だけラインを確認しようとカップを見たとき、案の定、私はなんともいえない感覚に襲われてしまったのだ。動悸が高まると同時に、手が動かない感じ。そう、いわゆるシビレというやつである。

じつは、このシビレ、これまでもクラチャン予選など、重要な試合のスタートホールではかならずといっていいほど経験してきた。だから「案の定」といったわけで、関東シニアという舞台で出ないはずがないのだ。よって、このシビレも想定内。だから、その対策として、私は、伊藤プロに教わったように、極力、手先を使わないストロークの練習をしてきた。具体的には両手首を固定したら左の面を意識して腹筋でストロークするという感じ。**グリップに意識があると、ますますシビレるから、肝に意識をもっていく。**ショットでは、しばしば「大きな筋肉を使え」と言われるが、パッティングも大きな筋肉を使えば、シビレないはずというわけだ。

私はシビレながらも一度息を吐き、カップを見ないことだけを意識して、腹でストロークした。芯に当たった感触があった。ヘッドもスッと伸びた。ボールは順回転しながらほんのわずかだけフックして、ど真ん中からカップインした。パー。

Dさんも、「自分だけボギーじゃなあ」と言いつつ、あっさりパーパットを沈めた。我がパーティは全員がパーという上々のスタートだった。

曲がり始めたドライバー

東の2番パー5（477ヤード）は、やや右ドッグレッグしている、軽い打ち上げのホールだ。オナーの私は、ドライバーで狙い通り左バンカーの右、ピンまで打ち上げを入れて220ヤード地点のフェアウエイにボールを運んだ。少し芯は外れたが、90点のショット。さっきまでのドキドキやシビレは、ウソのようになくなっていた。

ところが、二打目をかなり待たされたのがいけなかったのか、グリーンを狙った5Wがチョロ。右ラフからの9番アイアンの三打目は、かろうじてグリーン左端に乗ったものの、10メートルの上りを3メートルもオーバーしてしまった。伊藤プロから教わった〝ロングパット3分割法〟のことはすっかり忘れていた。「忘れる」ということ自体、まだモノになっていない証拠だろう。

一方、右の山裾をショートカットするようなドライバーショットを放ち、私より飛んでいた

Dさんは、それでも二打目を5番アイアンで刻み、アプローチが2メートルに寄ってバーディーをとった。Eさんも確実に三打でグリーンをとらえパー。私は、返しも外して3パットのボギー。シビレてはいなかったから、ただ下手クソなだけである。それでも3パットを2回くらいやらかすだろうことは私にとっては想定内だったから、ショックはなかったのだが……。

問題が顕在化したのは、次の3番パー4（378ヤード）だった。このホール、過去3回の練ランではすべてパーオンして、労せずしてパーをとっている。やってはいけないのは、ティーショット、二打目とも、右の崖下に落とすというものだが、ティーショットで私はそのやってはいけないことをやってしまったのだ。崖下で蟻地獄のように待ち受けている池にこそ入らなかったものの、そこからは花道付近に戻すのが精一杯。三打目がうまく寄って、なんとかパーは拾ったものの、薄氷を踏む思いのパーだった。

おそらくすでにそういう流れになっていたのだろう。次の4番パー5（537ヤード）で、私は早くもこの日最大のピンチを迎えることになる。まず一打目のドライバーを今度は大きく左に曲げ、暫定球もほぼ同じ方向へ。もっとも嫌悪すべき左へのミスが2球続いたのだ。

幸い二球ともセーフだったが、フェアウエイに戻しての三打目。5Wでグリーンを狙ったショットをまたしてもひっかけて、今度は正真正銘のOBを打ってしまったのである。

三球続けての大ミスショット。想定外である。これで完全に冷静さを失った私は、打ち直しの五打目も5Wを強振。いま思えば、これが曲がらず、ダフりながらもグリーン手前50ヤード地点のフェアウエイまで飛んでくれたことが運命を分けたといえるかもしれない。3回続けてウッドが曲がった以上、あそこはアイアンに持ち替えて、確実に花道を狙うべきだったのだ。

結局、六打目のアプローチでなんとかグリーンに乗せ、4メートルを根性で沈めた。6オン1パットのダボ。ドライバー2回に5W2回と、都合4回もミスしながら、50ヤードを寄せワンのダボでしのぐことができたわけで、じつにラッキーとしかいいようがない。

このホール、ティーショットの連続OBの可能性もあれば、アプローチが寄らなかったり、パットが入らなかった可能性もあり、9や10を叩いていても不思議はなかった。そんなことになれば、私の関東シニアはスタートして4ホール目で終わってしまっていた。ダボパットを決めたとき、私は思わずガッツポーズをし、「ああ、ダボでよかった」と口走ってしまったが、これは強がりではなく、嘘偽りのない本音だった。ダボとトリ（あるいはそれ以上）では、気持ちの持ちようがまったく違う。いま思えば、その後踏ん張れたのは、あの4メートルのダボパットが入ったおかげだろう。あれは間違いなく私にとって最初のクラッチパットだった。

5番ホールへの移動中、私はDさんとEさんに「バタバタしてすいませんでした」と詫びた。Dさんは、「私もあのホールでは何度もOBを打ったことがあってね。左は怖いんだよ。でも、まだまだこれから、これから」と励ましてくれた。そして、Eさんが、グリーン奥のカラーから、15メートルはあった下りのバーディーパットをねじ込んだことを「じつに素晴らしい集中力だ！」と何度も讃えた。

その後も、私はふたりに励まされながらのラウンドが続いた。なんとか持ちこたえたのはおふたりのおかげといってもいい。以下、前半の苦闘ぶりを簡単に振り返っておく。

◆東5番パー4（398ヤード）。ティーショットをまたも左に曲げるも、ピンの見えない位置からの8番アイアンでの二打目がグリーンをとらえパー。

◆東6番パー3（145ヤード）。9番アイアンでピン手前7メートルに乗せ、無難にパー。

◆東7番パー4（330ヤード）。距離がないため、練ランのときから3Wでフェアウエイの両サイドにあるバンカーの手前に刻む作戦だったが、本番での3Wは、これまた危うくOBになりそうなチーピンに。しかし、左のラフからの7番アイアンのショットは、計算通りフライヤーがかかってピンの奥3メートルにナイスオン。絶好のバーディーチャンスだったが、下りを打ち切れずにパー。

◆東8番パー3（173ヤード）。練ランでは3回ともパーと相性のいいホールだったが、6Iでのティーショットを右にプッシュアウトして、危うくOB。寄らず入らずのボギー。

◆東9番パー4（372ヤード）。左ドッグレッグの打ち上げホール。今度は1Wでのティーショットが右に。スタンスがカート路にかかるのでカート路の右にドロップしたが、そのせいでグリーンを狙うには右から伸びている木の枝が邪魔になるハメに。5番アイアンで枝の下を通す低いボールで花道を狙ったところ、目論見以上にうまくいって、ボールはグリーン左手前のカラーに。パターでOKにつけ、パー。

結局、前半は－△－▲－－－△－。2ボギー、1ダボの40だった。

というわけで、最初のハーフは、パー3を除くと、ティーショットがフェアウエイにいったのは2番のみ。二打目もトラブルショット気味のものが多く、さらにOBもありながら40で回れたのは、ひとえにアプローチと15ストロークで済んだパットのおかげという、およそ自分らしからぬゴルフだった。あるいは、この幸運は〝お守り〟のおかげだったたか。

ちなみに、Dさんのスコアは36、Eさんは37。私には、おふたりとも決勝進出がほぼ確実だと思えた。

後がなくなる

昼休み。私は、DさんとEさんに対して初めていっしょにラウンドするゴルファーとは思えないような親しみを感じていた。食事をしながらの会話のなかで、Dさんは60歳で、1年前にホームコースでシニアチャンピオンになったこと。学生時代はアメラグをやっていたこと。48歳で大病をして、一時ゴルフができなくなったことなどを知った。一方、Eさんは、私より2歳上。関東シニアの出場は2回目だが、全日本パブリック選手権には毎年のように出場しているという。

おふたりとも、前半はドライバーショットがほとんどフェアウエイをとらえていた。アイアンもアプローチもパットも弱点は見当たらず、だからこそのイーブンであり、1オーバーなのだろう。トラブルにならないから、スーパーショットを放つ必要もない。まあ若さのせいもあり、私のほうが飛ぶのは事実だが、6500ヤードというセッティングであれば、しゃかりきになってクラブを振る必要もない。おふたりともフェアウエイにポンと運び、グリーンにポンと乗せ、当たり前のようにパーをとってくる。ゴルフをじつに簡単にやっているように見えるのだ。

Dさんは、生ビールの大ジョッキを豪快に2杯も飲み干し、「これがふだん通りだから」と笑った。ノンアルコールビールで自重した私とは、所詮器が違うのかもしれない。

というわけで、後半は朝とはうって変わって、きわめてリラックスした雰囲気のなかでスタートすることができたのだが……。

後半のスタートホール、西の1番は打ち下ろしのパー4（404ヤード）。右は高い木でセパレートされた隣のホールで、そこに打ち込めばふだんは1ペナ。この試合ではノーペナだが、そこからは下手をすると一打では戻せない危険もある。一方、左は250ヤード先からはOBゾーンが迫っており、とくに飛ばし屋は要注意というホールだ。

その西1番で、またしても私はドライバーを左に曲げてしまった。たまたま当たりが悪く距離が出なかったのが幸いしてOBは免れたが、二打目は出すだけ。3オン2パットのボギースタートだった。

◆西2番パー5（503ヤード）。フェアウエイ左サイドにティーグラウンドからは見えないバンカーがある。それを避けようと右を狙ったドライバーだったが、ボールはそのまま真っ直ぐ飛んで、右ラフへ。二打目、今度は無理をせず、4番アイアンで花道付近を狙ったが、これをひっかけて左サイドの木にぶつけてしまう。ラッキーにもボールはフェアウエイに戻ってきたが、9番アイアンでの三打目はグリーンの右端へ。15メートルの下りを2メートル以上オーバーして、またしても3パットのボギーにしてしまう。

これでスコアは6オーバー。残りは7ホールもあるというのに、目標の78で上がるためには、ひとつもボギーが叩けないというところまで追い詰められてしまった。こうなると、あとは開き直るしかない。「構えは絶対、心はアバウト」。セットアップだけには注意して、あとは気持ちょく振り切るだけだと自分に言い聞かせた。

◆西3番パー4（359ヤード）。打ち下ろしの、いわゆるサービスホールといっていいだろう。練ランでは、いずれも残りは60〜70ヤードで、うまくすればバーディーが狙える。後がない身としては、バーディーが喉から手が出るほど欲しい——という思いがチラリとでも頭をかすめたからだろう。思いっきり力んでしまった私は、ドライバーをまたもひっかけて、左の林に打ち込んでしまった。

右の林にいた青年のフォアキャディが出てきて青旗を振る。これは「紛失球の恐れがあるので暫定球を打て」という合図だ。再びドライバーを手にした私だったが、またもやひっかけ。今度は白旗（セーフの意）だったが、私はいよいよ頭を抱え込んでしまった。どう打てばドライバーが真っ直ぐ飛んでくれるのか、さっぱりわからなくなったのだ。それでも二打地点に向かうまでに気持ちを切り換えようとした。考えても仕方がない。力まず振り切るしかないではないか……。

幸い1球目は左のラフにあったが、ライは爪先下がりの左足下がりで、ボールが上げられない。残り距離は150ヤード。7番アイアンを短く持ってフェイスを少しだけ被《かぶ》せて、低い弾道のボールをイメージする。するとどうだろう、コンパクトにスイングしたボールは、イメージ通りの弾道でグリーンの手前に落ちた。ラフからだから当然グリーンはオーバーすると思いきや、どういうわけかピン奥4メートルに止まったではないか。

近くで見ていたフォアキャディ君が、「ナイスショット！」と言ってくれたとき、私はドライバーが曲がり続けていることなどすっかり忘れ、よし！　と心のなかでガッツポーズをとっていたのだから、なんとまあ現金というか、お調子者というか。しかし、結果的にはこのスーパーショットが、これからの奇跡を呼び起こすきっかけになったともいえるのだから、ゴルフはわからない。

バーディーパットは外した。心境としてはフクザツで、ティーショットを2回も曲げたうえでのパーなら御の字と思うか、4メートルの、喉から手が出るほど欲しいバーディーパットを外して悔しいと思うか。ちょっと迷った結果、私は「御の字」と思うことにした。流れからすれば、今日の私はいつ大崩れしても不思議ではない、綱渡りのようなゴルフだ。ラッキーに恵まれたうえでのバーディーパット。それを外したくらいで舌打ちをしたら、ゴルフの神様に見放され、今度こそ大叩きしそうな気がしたからだ。

青梅に真のゴルファーを見る

◆西4番パー3（159ヤード）。グリーン手前にアゴの高いバンカーがあり、ここに入れるのだけは×だと予習してある。ピンが奥目に切ってあり、6番アイアンで軽く打ったのだが、まったく当たらず。バンカーを覚悟したが、当たりが悪すぎてバンカーの手前に止まってくれたのが、またしても幸いした。ピンまで残り40ヤード、ＳＷのピッチショットがピタリと30センチにつき、まだツキがあると実感する。

じつはこのホールでひとつ〝事件〟が起きた。その入れてはいけないバンカーに入れたＥさんがバンカーショットを放ったときのこと、ボールは高く上がっただけで再び同じバンカーに入ってしまったのだ。ボールをマークしてグリーンの奥にいた私は、Ｅさんのボールがアゴに近いところにあったから、ボールを上げることはできても距離が出なかったか、アゴにでも当たったのだろうと思った。

Ｅさんは2回目のバンカーショットを今度はうまく寄せて、１パットで沈めた。ボギーのはずだった。ところが、Ｅさんはカップからボールを拾うと、「5」ですと言う。「えっ、ボギーでしょ」と私。「いや、さっきのは二度打ちで、5です」とＥさん。

Ｅさんのマーカーである D さんは「私は気づかなかったよ」と言ったが、Ｅさんは「いや、あれは二度打ちでした」と言って、このホールをダボとした。

私は、すぐにひとりのプロゴルファーのことを思い出した。ブライアン・デイビスというイングランドのプロである。２０１０年4月、アメリカで開催されたベライゾン・ヘリテイジ最終日。まだツアー未勝利のブライアン・デイビスは最終ホールでバーディーを奪取、首位のジム・フューリックに追いつき、試合はプレーオフにもつれ込んでいた。

その1ホール目の18番でのこと。ブライアン・デイビスはセカンドショットをグリーン左の砂浜の中へ打ち込んでしまった。そこはラテラル・ウォーターハザードで、デイビスのボールは葦が密集し、小石、枯れ枝などが散乱しているやっかいな場所にあった。ここでアンプレイヤブルを宣言して救済措置を受ければ、1ペナとなり、サドンデスのプレーオフではほとんど負けを意味する。だから、彼がそのままの状態でのショットを選択したのはやむをえなかった。かなりのギャンブルショットに見えたが、デイビスはPWでサードショットを一閃。ボールは見事にハザードを脱出し、グリーンに乗った。ギャラリーは拍手喝采。

ところが、その次の瞬間、デイビスはハザードのなかから競技委員を呼ぶではないか。テレビを見ている限り、その理由はわからなかったが、しばらくして解説の佐渡さんの話を聞いていると、どうやらテイクバックでヘッドが枯れかかった葦の茎のようなものに触れたと自己申告しているというのだ。この場合、もしその枯れかかった葦の茎のようなものが地面から生えているものなら、それに触れてもペナルティにはならない。しかし、もし、その茎のようなものが地面に落ちているものなら、それはルースインペディメントになり、ハザード内でクラブがこれに触れると2ペナ。デイビスの負けがほぼ決まってしまう。

その後、テレビにはデイビスの第三打をアップでとらえたスローVTRが何度も流れた。たしかにクラブヘッドが葦の茎のようなものにわずかに触れているようにも見えないこともない。しかし、それはそう思って注視していないとわからないほどの微妙な触れ方で、デイビスが自己申告しなければ誰も気づかなかったことは間違いない。しかし、彼はバカ正直、いや正直に自己申告した。そして、競技委員がその枯れかかった葦の茎のようなものを引き抜いたところ、それは地面から生えてはいないことが判明。つまり、この茎はルースインペディメントとなり、かくしてデイビスのこのホールは、二打罰がついて5オンということに。そして半分はつかみかけたPGAでの初勝利を逃してしまったのである。

無名選手の美談としてご存じの読者もいるはずである。ゴルフの本質は、「審判は自分であり、その審判はけっして自分に有利な決定を下してはならない」というものだ。しかし、これはけっして簡単なことではない。説教めいた話はやめておくけれど、Eさんのやったことはデイビスと同じだった。デイビスのようなゴルファーといっしょにラウンドできたことは、私にとって本当にかけがえのない経験だった。ありがとう、Eさん。あなたは真のゴルファーです！

拾って拾って拾いまくる

さて、話を試合に戻す。自分のナイスパーとEさんのフェアプレイで、私はこれからは少し流れが変わるような予感がしていた。
◆西5番パー4(428ヤード)。右ドッグレッグの緩やかな上りのホール。コース案内には、「3オン狙いの気持ちで。残りの距離は見た目以上にある」とある。
後半初のオナーになった私は、少しだけ考えた。ドライバーが右に出ていくのは仕方がない。とにかくヒッカケだけは出ないようにしよう。それには手と腕の力を完全に抜いて、身体を回すことだけを意識しよう、と。

手で振らない、身体を回す――それだけを考えてスイングしたティーショットは、当たり的にはほぼ完璧で、右のカート路に沿って、ドッグレッグのカーブの先までスッ飛んでいった。久しぶりにフェアウエイをとらえたかと思ったのだが、ボールはギリギリのところで右のラフに。セカンドの残りは上りを入れて150ヤード。フライヤーを計算して、9番アイアンを抜いた。ボールは案の定フライヤーしたが、スタートホールに続いてまたもや想定以上に飛びすぎてグリーン左奥のラフへ。やはり試合ではアドレナリンが出すぎるということがあるのだろうか。結果的にはPWでよかったが、私にはまだそこまで短いクラブを持つ勇気がない。とにかくここも2メートルに寄せてパー。
◆西6番パー3(190ヤード)。前の前の組がティーショットを打っているところで、茶店で休憩をとる。Dさんは後半不調で、ここまで4オーバー。ちょっと疲れ気味に見えた。「残り4ホールですね。こういうとき、ストレッチするといいんですよ」と私はエラそうに初めてアドバイスめいたことを言いながら、相撲の腰割りをする。Dさんは何もしなかったけど。

晴れているのに雨が落ちてくる。「あら、キツネの嫁入りですね」と若いキャディさんが言う。若いわりには古い言い方を知っていると妙に感心する。

ようやくわれわれの番になる。アゲていると判断して4番アイアンを持ったが、ボールはキャリーでカップの先に落ち、グリーン奥のカラーで止まった。打ち下ろしだし、結果的には5番アイアンか6番アイアンでよかった。実際、あとから6番アイアンで打ったDさんのボールは、グリーンの最前部に落ち、コロコロと転がってピンに寄っていったのだから。

10メートル以上あるバーディーパットが残った。ここまで10メートル以上のパットは2回あり、どちらも3メートルほどオーバーして、3パットしている。ここは少し慎重に距離合わせでいった。1メートルに寄る。パー。
◆西7番パー5（483ヤード）。このホールは、前日までの一人作戦会議で、「パーはマスト」だと決めていた。なぜなら、次の西8番と西9番が難しく、ここでボギーを叩くと、上がり3ホールが3連続ボギーという最悪の結果になりかねないからだ。難関ホールは、前のホールとセットで考える。このホールをボギーにしては、70台も予選通過も完全にアウトだろう。
ただ、このホールはパー5にしては距離が短く、フェアウエイも広い。しかも一打目は私の距離なら右のバンカーを越えるので、ノープレッシャーで打てる。その意味でも「パーはマスト」なのだ。その通り、本イチの当たりがフェアウエイのど真ん中をとらえた。「気持ちよく振り切ったねえ」とDさん。「ええ、このホールだけは、ウチのホームコースより広いんで」と私。

残りは上りを入れて200ヤード。二〇三高地もかくやというような強烈な打ち上げである。UTでのショットは右に飛び出すミスショットだったが、ヘッドの先っぽに当たったのが幸いして途中からかなりフックがかかり、グリーンに乗りそうになる。思わず「ゴー!」と叫んでしまったのだが、あと1ヤード足りず、右のバンカーへ。一方、右ラフから5番アイアンで打ったDさんは2オンに成功。彼は予選通過ラインを76くらいと読んでおり、後がない彼としてはどうしてもバーディーが欲しかったはずだ。

さて、三打目。私にとってこの日初のバンカーショットだった。ピンまで15ヤード。うまくヘッドが抜けて、SWのフェイスにはきれいな跡が残ったのだが、結果的にはスピンがかかりすぎて、3メートルショート。バーディーパットは外れて、パー。一方、Eさんは10メートルを3パット。悔しいパーとなった。

◆西8番パー4(424ヤード)。ティーグラウンドから230~240ヤード、ちょうどドライバーの落下地点になるフェアウエイがマリリン・モンローのウエストのように絞ってあり、しかもその右にはバンカー、左は山裾という難度の高いホールだ。そういえば、練ランでコース攻略法を教えてくれたKさんは、「クラチャンでのマッチプレーはこのホールで決着がつくことが多い」と言っていた。難しいだけに明暗が分かれるホールなのだろう。

私はドライバーの調子が戻ってきていると自分に言い聞かせて打ったのだが、ボールはまた右に真っ直ぐ出てバンカーへ。まさにコース設計者の目論見通りのショット。そう簡単にはモンローのウエストには触らせてもらえないということなのか。

このホールはグリーンの奥に外すとアプローチがやっかいだから、ショート覚悟で7番アイアンを抜く。ひどいトップだったが、ボールに力があり、なんとか花道へ。やさしいアプローチが残り、このホールもパー。作戦通りにいったことが、うれしいというより、むしろ気持ちワルイほどだった。

最終ホールでの奇跡

◆西9番パー4（369ヤード）。

最終ホール。3番からは奇跡的なパーが続いており、ここまで6オーバーできている。このホールがパーなら、師匠との約束通り78。ボギーでも後半は39で、夢の70台が実現する。ただし、この時点では、予選通過するかも、なんてことは1ミリも考えてはいなかった。

練ランでは、このホールのティーショットは3Wでいくと決めていた。左右OBで、とくに右のOBが浅い。左はOBまではいかなくてもバンカーが効いている。距離もないし、ドライバーを振り回す理由はどこにもない……はずだったのだが、私が抜いたのはドライバーだった。魔が差したのではない。東の7番で3Wをミスしたこと、後半になってドライバーの調子が上向きになってきたのがその理由で、自分としては勝算があったのだ。

Dさん、Eさんと、すっかり打ち解けていた私は、「よし、最後。気持ちよく振り切ります」と宣言した。

「そうそう、それでオッケー」とDさん。

大きく息を吐く。そして、宣言通り気持ちよく振り抜く。手応えは完璧。フィニッシュもきれいにとれた。有言実行。ドヤ顔の私。

だが――。

フィニッシュの姿勢のままボールの行方を見守っていると、ボールは松林の向こうにあるOBゾーンへと一直線に向かっていくではないか。ふと気づくと私のヘソは右を向いている。スイングは完璧でも、スタンスの向きが右だったことにようやく気づく。最後の最後で「構えは絶対」ではなかったのだ。なんたる無念！

OB↓ダボ↓80……と瞬時に計算する。そして、万事休すと思ったそのときだった。「カーン！」という高く大きな音が響いたかと思うと、キャディさんが「ああ、戻ってきました、戻ってきました」と叫ぶように言うではないか。

私には松の木に当たったあとのボールの行方は見えなかった。が、半信半疑のままセカンド地点に行ってみると、たしかに私のボールはフェアウエイの絶好の位置にあった。ツイているとしかいいようがなかった。おまけにピンまでの距離は120ヤード。うまくするとバーディーだってある。そうなれば、恥ならぬ〝奇跡の上塗り〟ではないか。

ところが、こういうとき、つまり、ボールがフェアウエイにあって、ショートアイアン以下でグリーンが狙えるとき、私は往々にしてミスをやらかしてしまう。結果を早く見たくて上体が起きるのか、思わず力むのか、ボールを右に押し出すのだ。

はい、その通りのミスをしでかしました。PWでのセカンドは、打った瞬間、ため息が出てしまう球で、その通りグリーン右横のラフへ。いつもなら「バッカ」と自分を罵るところだが、このときはなぜか怒りも意気消沈もしなかった。

三打目。逆目でちょっと難しいライではあったが、カップまでの距離は7～8ヤードしかなく、私はこの日初めてチップインを狙った。そのとき初めて「バーディーをとれば予選を通るかも」と思ったのだ。

不思議に緊張はしなかった。SWを緩まずに打った。が、グリーンに乗ったボールは思った以上にフックした。そして、カップをかすめるようにして、カップの下1メートルで止まった。

「フーッと息を吐いた。悔しくはなかった。よくやったと思った。パーパットは、「これを外しても79だ」と思うと、緊張することもなく打てた。ど真ん中から入った。

かくして後半は、△△−−−−−−−の38で、トータル78。

パット数は29（1パットが9回、3パットが2回）という、〝お守り〟のアプローチで拾いまくった結果のスコアだった。

ホールアウト後、Dさんは「どうもありがとう」と言って、私とEさん、そしてキャディさんにも握手を求めてきた。Dさんは後半41も叩き、トータル77。Eさんも後半は41で、トータル78。おふたりとも悔いの残る結果だっただろうが、私は充実感に満ちあふれており、一人ひとりと握手しながら図らずも鼻の奥がツンときたことを告白しておく。初の公式戦は、私に自分でも驚くほどの感動をもたらしてくれたのだ。

マゾヒストの世界へようこそ

アテストを終え、クラブハウスの外に貼り出してある成績表を見にいくと、すでに8割がたの選手のスコアが記されていた。パッと見、3分の2くらいの選手が80以上叩いていた。トップは72。知っている人のなかでは、このコースを案内してくれたKさんが74、練ランをごいっしょしたAさんとCさん、そしてホームコースの先輩Hさんが75だった。みなさんさすがとしか言いようがない。ただ、私よりもっとハンデが少なく、ホームコースの月例やクラチャンの予選ではめったに勝てない何人かの先輩たちが80以上叩いていたのにはちょっとびっくりしてしまった。私が出来すぎだったのか、先輩たちがたまたま不出来だったのか。まあ、これもゴルフ、それも1ラウンドのスコアだけで順位を決める方式の怖さというものなのだろう。

出場した153人のうち、予選を通過できるのは24人。同スコアの場合は、マッチングで決まる（後半のスコアがいいゴルファーほど上位にくる）。78というスコアがどうなのかは微妙だった。まわりからは「78か77のマッチングじゃないか」という声が聞こえてきたが、結果はどうでもよかった。とにかく私は78で回れただけで大満足だったのだから。

クラブハウスに戻ろうとしたら、75で回ったHさんが喫煙所の椅子に座って組み合わせ表を見ていた。Hさんは、じつは私がもっとも尊敬するゴルファーのひとりだった。大学時代にはすでにシングルだったというゴルフの腕前も理論も確かだったし、人格も円満で誠実。なによりゴルファーとしてのマナーが完璧であるところが素晴らしかった。ただ、私にとって残念だったのは、Hさんには練習で満足する結果が出ないとめったにラウンドしないという完全主義者的な一面があること。そのため私がHさんとラウンドしたのは数えるほどしかなく、コースの練習場で会うたびに(彼は、練習のためだけによくコースに来るのだ)、「今度、ぜひいっしょにラウンドしてください」と頼むのが挨拶代わりになっている。私とHさんは、そんな関係だった。

Hさんに結果を告げると、「それは素晴らしい!」と目を丸くして喜んでくれた(よほど意外だった?)。「初めての公式戦で78というスコアは立派です。自信もっていいですよ」。

「スタートホールでは足は震えるわ、心臓は爆発しそうになるわで、大変でした」

「みんな最初はそうですよ。ぼくだって、いまでも大叩きするとコースから逃げ出したくなったり。OBを打って自己嫌悪に陥ったり。なんで自分はこんな辛い思いをしてまでゴルフをやってるんだろうって思うことがありますから」

「ははあ、それって、ほとんどマゾの世界ですね」

「そうそう。でも、そういう辛さや苦しみがあるから、それを克服したときにはホントにうれしいんです。競技ゴルフをやってる人は、みな〝そっちの世界〟の味をしめた人なんですよ」

「〝そっちの世界〟、ですか」

「そう、もう仲間うちの楽しいだけのレジャーゴルフじゃもの足らない世界です。どうです、今回の試合で、小泉さんも〝こっちの世界〟に来る心づもりができたんじゃない?」

そうなのだ、Hさんはとうの昔に〝そっちの世界〟の住人であり、だから私を誘うときは〝こっちの世界〟になるのだ。

別れ際、私がドライバーが曲がりに曲がって、フェアウエイから3回しか打てなかったこと、それもそのうちの1回は最終ホールでOBのはずが木に当たって戻ってきたことを話すと、

「それだけアイアンやアプローチとパットがよかったということだから、自信をもっていいんじゃないですか」と言ってくれたHさん。しかし、彼はこう続けた。

「ただし。ならば、ドライバーが全部真っ直ぐいけば、もっといいスコアで回れたかというとそうとは限らないのがゴルフです。来年のために、ドライバーが真っ直ぐ飛ぶよう練習することはもちろん大切ですが、ゴルフのスコアを決めるのはそれだけじゃない。現に、関東シニアでも決勝ラウンドになると、全員が70台のスコアで予選を通過してきたはずなのに、かならず90以上叩く人が出てくる。ゴルフって、ほんとうに難しい。これで終わりっていうことがないんです」

〝真のゴルファー〟になるために

帰宅後、関東ゴルフ連盟のホームページで今日の結果をチェックすると、カットラインはやはり77のマッチングだった。77は20位タイで、78は29位タイ。西の3番（12番）からずっとパ

ーだった私は、78のなかでは最上位で、もしもカットラインがあと1打下がっていたら、予選を通過していたことになる。あるいは、2〜3回あったバーディーチャンスが1回でも決まっていれば……。まあ、そういうタラレバにはなんの意味もないことは重々承知していますが。

私はクーさんに電話をして、今日のラウンドの一部始終を話した。「よくがんばったねえ、たいしたもんだねえ」とクーさん。そして、研修会への入会を決めたことを告げると、「やっと決心したかい」と喜んでくれた。彼は前々から私に研修会に入ることをすすめてくれていたのだ。

私は青梅ゴルフ倶楽部からの帰りの車中で、研修会に入会することを決めていた。〝そっちの世界〟でゴルフをするためには、試合慣れしたゴルファーたちにもまれる必要があることを私は痛感していた。それまで入会を躊躇していたのは、私のなかで、スコアを至上のものとする競技ゴルフの考え方にぼんやりとした違和感があったからなのだが、試合に出る以上、モノをいうのはスコアでしかない。そのスコアをよくするためには、練習をして技術を磨くこともさることながら、試合に近いラウンドをより多くこなす必要がある。研修会とは、まさにその場であるはずであり、それに参加しない手はないと思ったのだ。

思えば、いまのホームコースに入会する際、私は「アスリートゴルファーになってやろうじゃないの」と決心したはずだった。あれからはや7年。それなりにゴルフに対してマジメに取り組んできたつもりだったが、紆余曲折のあと、いまようやく私は、アスリートゴルファーになるためのスタートラインに立ったのだということを自覚した。

例によって遠回りをしてきたが、ただ〝真のシングルゴルファー〟になるためには、そうやって腕を磨けばいいとして、〝真のゴルファー〟になるためには、マナーやエチケットをはじめ自分自身の心も磨かなければならないことも今回の試合で痛感した。そう、Eさんのようなゴルファーこそが、シングル以上に目指すべきゴルファーの姿なのである。

伊藤プロには、なんだか電話が照れくさくて、メールを書いた。ドライバーが曲がってばかりだったこと。アプローチとパットで拾いまくったこと。同伴競技者に恵まれたこと。そして、競技ゴルフはある種マゾヒストじゃないと続けられないことなどを書いた。

すぐに返事がきた。

「心配でKGAのホームページで結果を拝見しておりました。
もう一歩でしたね。
公式競技初参加で、この成績は価値があります。
ラッキーも実力のうち！

もう一打のラッキーが有ればと惜しまれます。
更なるステップアップに向け頑張って下さい。
お疲れ様でした。」

私はシングル試験に合格したのだと勝手に解釈した。

おわりに

伊藤プロに会ったのは、試合から6日後だった。

「プロから『78で回れ』と言われなかったら、とっくにキレてました。後半は一打も落とせないって、もう必死でしたよ」

「あと一打、ラッキーがあればなあ。惜しかったですねえ」

「いや、もう自分としては上出来すぎるくらいで。あれ以上望んだらバチが当たります」

「ゴルフって、うまくいくときはそういうラッキーが重なるもんなんです。チャンスの女神が目の前にやってきたら、何度だって捕まえなきゃ」

「でも、もし予選通ってたら、原稿書きどころではなく、決勝までの3カ月間はゴルフ漬けになってますよ。そしたら、この本、当分出ません」

結果的に、この本の原稿は「関東シニアの決勝に進んでいたら……」と冗談で話したのと同じくらい完成が遅れてしまった。少しだけ言い訳すれば、ゴルフについて、そしてこの本について、考えること、やってみなければならないことが多すぎたのである。4月下旬、この本の取材と同時に始まった伊藤プロのレッスンは、関東シニアの予選まで練ランも含めると8回に及んだが、レッスンの密度があまりにも濃いため、そのすべてを自分なりに消化するのに、けっこうな時間がかかったともいえる。

それはともかく、悩んだだけあってか、クーさんをはじめホームコースの先輩たちからは、関東シニア予選の1カ月ほど前からスイングがよくなったと言われるようになっていた。端から見て「スイングがよくなった」と言われるためには、本人としては「スイングを一から変えた」くらいの大改造が必要。それでも端から見れば「ちょっとよくなった」くらいなのだが、ともかく「見た目」が少しでもよくなったことは、エエカッコしいの私としては、正直うれしい。

そういえば、関東シニアが終わったあとのホームコースのハンデ改正で、私のハンデは9になり、さらに12月のハンデ改正では8になった。10から9になれたのは、いうまでもなく伊藤プロのレッスンのおかげ。9から8になれたのは、この本の原稿を書き進めるためには改めてレッスンの内容を復習する必要があり、そのせいでスイングに対する理解がより深まったからだと思う。ともかく、8になったことで、「ぶら下がり」から、やや安全圏へと歩を進めることができたわけだが、それでも風が強かったり、ちょっと気を抜いたりすると、すぐに90くらい叩いてしまうのだから、我ながら危なっかしいシングルではある。

実際、ハンデが8になったからといってもさほどの喜びはない。むしろ、「その程度のゴルフでハンデ8？」と思われやしないかと心配で、「こりゃ、もっと練習しないとだめだな」と感じているのがほんとうのところ。あれほど望んでいた「ハンデ7〜8」だが、実際に8になってみると、名実ともにハンデ8と言われるためには、ハンデ6くらいの力がなければならないとも感じている（大変です）。

伊藤プロから見ても、私のスイングがまだまだなのは当然至極。いや、あれだけドライバーが曲がれば、誰が見ても「更なるステップアップ」が必要と感じるはずで、そのことは本人もよ〜く自覚している。

だから、これからも練習だけはマジメに続けるつもりだし、練習が嫌いではない私としては望むところでもあるのだが、これまでのようにあまり自分に期待するのだけはやめておこうと思っている。期待すると、裏切られるのがゴルフ。自分に期待しなくても、いつのまにかうまくなって、気がつくとハンデが減っている——それがまあ理想である。

ただし、マナーについては絶対に「5下」になること。アスリート志向であれ、レジャー志向であれ、ゴルファーを名乗る以上、これだけは誰もが目指すべき目標だし、また誰もが気持ちの持ちようひとつでなれるはずだ。

「構えは絶対、心はアバウト」

「タイミングと気持ちよさ」

この貴重な教訓を授けてくれた伊藤プロには、これからもゴルフのあれやこれや、スイングのなんだかんだについて教えを請わなければならないと思っている。

また、この本に登場してくれたホームコースの諸先輩やOプロ、ゴルフ仲間には、取材に協力してもらっただけでなく、ふだんから私とラウンドしていただいていること、そればかりか貴重なアドバイスを多々いただいていることに対しても、大いなる感謝の気持ちを伝えたい。

エラそうにアスリートゴルファーなぞとは言ってみたものの、所詮はアマチュアのオヤジゴルファー。ゴルフはやっぱり気の合った仲間とラウンドするのがいちばん楽しいのだ。

みなさん、ほんとうにありがとうございました。

というわけで、例によって、執筆中の練習不足を取り戻すべく、そして次回の関東シニアでは今度こそ決勝ラウンドに進むべく、これから〝スプーンで届く練習場〟まで、ちょっと行ってきます。

小泉十三

著者略歴

小泉十三《こいずみじゅうぞう》

一九五六年生まれ。早稲田大学文学部卒業後、出版社に入社し書籍の編集に携わる。独立後、単行本の編集・執筆を精力的に行う。著書は「頭がいい人」本ブームの原点である『頭がいい人の習慣術』(河出書房新社)、『頭がいい人のゴルフ習慣術』(幻冬舎)など多数。ゴルフ歴は十九年。二〇〇四年夏、コースのメンバーになり、一年でハンディキャップを19から9に減らすも、その後、壁にぶつかり、ハンデは11と9の間を行ったり来たり。目下、伊藤正治プロの指導のもと、真のシングルプレイヤーになるべく奮闘中。

伊藤正治《いとうまさはる》

一九五九年生まれ。アマチュア時代、関東アマ、日本アマで上位に入り、関東オープン、日本オープン出場を果たす。日本大学卒業後、プロテスト合格。九一年レギュラーツアー20戦参戦。九四年から武蔵グランドゴルフに所属し、〝伊藤正治のひらめきゴルフ塾〟を主宰。長年の競技生活をふまえた実践的アドバイス、動画を使ったわかりやすい指導法は、プロアマ問わず支持者が多い。日本女子アマ優勝、女子プロシード選手も輩出している。

幻冬舎新書 256

ゴルフ・シングルになれる人、アベレージで終わる人

二〇一二年三月三十日 第一刷発行

著者 小泉十三＋伊藤正治

発行人 見城 徹

編集人 志儀保博

発行所 株式会社 幻冬舎

〒一五一-〇〇五一 東京都渋谷区千駄ヶ谷四-九-七

電話 〇三-五四一一-六二一一(編集)

〇三-五四一一-六二二二(営業)

振替 〇〇一二〇-八-七六七六四三

ブックデザイン 鈴木成一デザイン室

印刷・製本所 株式会社 光邦

検印廃止

Printed in Japan ISBN978-4-344-98257-4 C0295

こ-3-2

幻冬舎ホームページアドレス http://www.gentosha.co.jp/

*この本に関するご意見・ご感想をメールでお寄せいただく場合は、comment@gentosha.co.jp まで。